读懂银行股

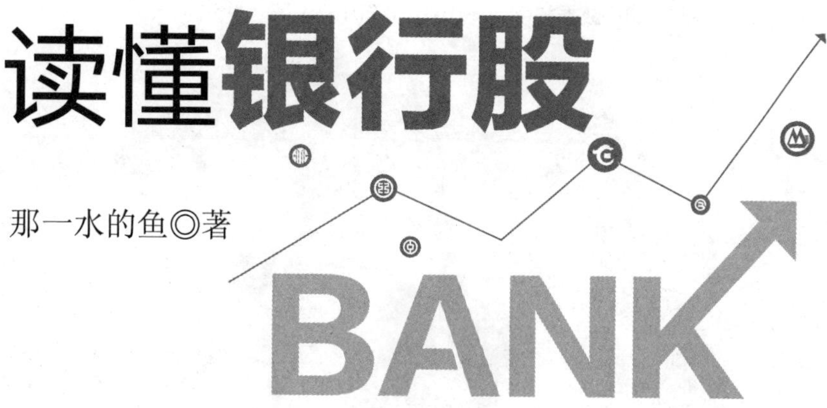

那一水的鱼◎著

价值投资无法忽视的领域

详解银行股背后的投资逻辑

北　京

图书在版编目（CIP）数据

读懂银行股／那一水的鱼著．
北京：中国经济出版社，2016.9
ISBN 978－7－5136－4359－7
Ⅰ.①读… Ⅱ.①那… Ⅲ.①商业银行—股票交易—研究 Ⅳ.①F830.91
中国版本图书馆 CIP 数据核字（2016）第 201359 号

责任编辑　燕丽丽
责任审读　贺　静
责任印制　巢新强
封面设计　任燕飞

出版发行　中国经济出版社
印 刷 者　北京科信印刷有限公司
经 销 者　各地新华书店
开　　本　710mm×1000mm　1/16
印　　张　15.5
字　　数　200 千字
版　　次　2016 年 9 月第 1 版
印　　次　2017 年 12 月第 5 次
定　　价　48.00 元
广告经营许可证　京西工商广字第 8179 号

中国经济出版社 **网址** www.economyph.com **社址** 北京市西城区百万庄北街 3 号 **邮编** 100037

本版图书如存在印装质量问题，请与本社发行中心联系调换（联系电话：010－68330607）

出版说明

本书在分析、解读银行股时，以招商银行、中信银行、兴业银行的财报为主要信息来源。书中主要数据信息和图表均来自银行财报，在引用某银行相关数据时，括号中都给出了对应的银行年报页码。为方便读者查找，书中所写的财报页码，均为财报 PDF 文件中的页码（而非财报内文右下角标注的页码），即使用相关 PDF 阅读软件，直接输入该页码数字，便可查找到相关内容。

前　言

国内乃至国外都少有研究某一特定行业的投资类书籍。首先，一般人不愿写这类书，因为里面包含的专业知识太多，而读者面又很窄，费力而不讨好。其次，投资大师更不愿写这类书籍，因为谈投资理念无所谓对错，但涉及专业领域就容易出纰漏，一个不小心便会成为投资圈中的笑谈。

我刚开始研究银行股投资时，市场上还没有任何相关的书籍，我也是摸着石头过河，一点一点吸收分散在各处的零散信息，主要包括各银行的财报，各种银行业监管文件，银行高管的发言稿，某些银行的员工论坛，各投资论坛中有关银行股的分析帖，等等。它们有的像柱子，有的像簸箕，有的像芦笋，最后把这些知识点整合在一起——哦，原来这就是大象！

我从2008年5月第一次买入银行股，到今天刚好快八个年头了。记得有个“一万小时定律”，大意是说在某一领域花上一万个小时，就可以成为该领域的专家。掐指一算，我这八年扑在上面的时间满打满算还是不足一万小时。虽然我斗胆写下了这本书，但我不敢说自己是银行股投资领域的专家。路既在脚下，也连通着诗和远方。这些年来，能和许多志同道合的朋友共同探讨投资，畅然而又欣慰。让我们一起，继续修炼！而写作也是修炼的一个环节。

本书删繁就简，尽力让入门级投资者也能看懂，一些对银行股投资影响不大的内容则涉及较少。全书可分为三大部分，第一部分（第一章至第三章）主要是从投资的角度去看银行的商业模式；第二部分（第四章至第十章）则为银行股投资的基础知识点，包括财报知识和各类监管指标等；第三部分（第十一章至第十五章）内容集中在银行股的具体研究分析上。

写书是个辛苦活，费时费力，一开工就停不下来。这两个多月时间里，我几乎每天都是早中晚连成一线，忽略了很多重要的事情。感谢妻子的理解与支持，否则这本书不可能完成。感谢雪球网友@处镜如初先生，百忙之中抽空审阅了全书。

2016年5月15日

星城长沙

目 录

第一章

银行这门生意

银行这颗“蛋”从哪里来?

根据历史记载，世界上最早出现的纸币是北宋年间的交子，而早期的交子实际就是“存款凭证”。蜀地多险要，道路难行，不是所有人都喜欢扛着麻布袋（铜、铁等金属货币）去登高望远，于是当时（约1008年）的16家富商联合起来，搞起了交子铺户。交子铺户印制了一些具有防伪功能①的纸质“凭证”（交子），客户出行前可以把铜钱交给交子铺户，领取一张纸质的交子。到达目的地以后，客户再凭交子从其他“网点”把铜钱兑换出来，并交纳一定的“手续费”。

宋仁宗天圣元年（1023年），政府在成都设益州交子务，交子的发行权收归国有，真正成为世界上最早的纸币。但早期的交子铺户，其实更像银行的雏形，其生意模式类似于今天的“异地取款”。如果A地包子铺的张三拿了十吊铜钱前往B地，准备付给B地面粉铺的李四；而十天后，李四拿十吊铜钱从B地前往A地，收购A地的小麦。经过交子铺户的运作，张三和李四都不需要携带笨重的金属货币。而对于交子铺户来说，A、B两个网点根据纸质凭证即可轧平头寸，也无须聘请镖师押运钱财。后来的山西票号也与之类似，只是它增加了汇兑业务——张三可以直接把钱汇给李四，省去了A、B两地间的奔波。

以上两种生意模式，对应了现代银行的中间业务。除了中间业务外，现代银行还在经营着另一种重要的业务——存贷业务。存贷业务的起源，“金匠铺说”是一种主流说法。

早期金匠在打造金器过程中，储藏了部分客户的金条。后来也有客户

① 比如图案、印章等。

将金器交予金铺保管，并交纳一定的管理费。慢慢地，金铺发现并不是所有的客户都在同一时间来取走金条。经过观察和计算，金铺将一部分金条留存（准备金），用于平日的兑换；另一部分则作为贷款借出，并按借贷时间的长短收取费用（贷款利息）。早期金铺还要向存金客户收取保管费，经过存贷模式的发展后，为了吸引更多人来存金条，金铺不仅不收手续费，还给储户发钱①（存款利息）。这就是银行存贷业务的雏形。

也许你会感到奇怪，讨论这些先有鸡还是先有蛋的问题干吗？对投资银行股有帮助吗？先别急，要投资一个行业，我们首先得明白它的生意模式（或曰盈利模式），毕竟“靠什么赚钱”很重要。此外，夕阳行业之所以是投资的危险区，其原因正是生意模式被新生力量迭代。还记得小时候经常有人挑着箩筐大街小巷叫喊“修伞补鞋子”吗？现在已经很少见了——因为人民生活水平提高了，伞和鞋的价值量相对变小了，坏了直接换新的，这种生意模式已经被迭代了。

钱庄搞起来以后，押送金银钱财的镖局生意凉了一大截。现代银行搞起来以后，钱庄也只好关门大吉了。如果某一天，**银行整个行业做不下去了，那肯定是它的生意模式被迭代了，而不是微观中某些银行的战略或执行出了问题**（有那么几个“坏坏”的高管也无所谓）。

银行的生意模式

英文中银行的单词是“bank”，同时“河岸”也是用这个单词。在中国估计没人会把银行与河岸扯在一起，但两者确实有共通之处。河岸把河水框在河道内，河水在其中川流不息；而银行则把货币框进来，货币在银

① 估计古人当时也纳闷：“还有这等好事？”

行体系里流动。

在我国，说起银行一般都是指商业银行，本书探讨的问题也集中于此。在国外还有另外一种银行也叫 bank，那就是投资银行（investment bank），它类似于我国券商和基金公司的结合体。说到这顺带提一下银行业的混业、分业经营。简单说，混业经营就是银行除了自己的存贷和中间业务，还可以干券商、基金等其他金融机构的活[①]；分业经营就是银行只能干传统银行的事，顶多给券商、基金、保险销售金融产品，赚点佣金手续费，但自己不能发起这些产品。目前在我国实行的是分业经营，银行只能老老实实做好自己的本分。对普通老百姓来说，为了避免混淆视听[②]，很少有人管国内的券商、基金等金融机构叫投资银行，说到“投行”一般指国外的资本大鳄，如高盛、摩根士丹利等。

话说回来，我们继续来关注传统银行，看看银行这门生意。银行一只手从储户这里借钱（较低的利率），另一只手把借来的钱放贷出去（较高的利率），从而赚取中间差额。这个差额就叫“净利息收入”，它是银行最基本的收入来源。当然，银行的利差并非全部依赖存贷款，银行也向其他银行拆放资金，或投向高等级债券等，这些业务都能赚取净利息收入。在此基础上，银行还衍生出一些“中间业务”[③]，中间业务对应的收入就叫“中间业务收入”。中间业务收入的大头主要是“手续费及佣金收入”，比如刷卡手续费、咨询顾问费、托管费等。

我国银行到目前为止，净利息收入仍然是大头，约占营业总收入的70%至95%。相比之下，现阶段很多投资者更喜欢中间收入，尤其青睐中间收入占比高的上市银行（中间收入低于20%都不好意思打招呼）。主要

① 商业银行和投资银行可以是同一家公司（如德意志银行）就叫混业，分开了的不算。

② 真的会有人把钱“存”错地方，国内不是还有经纪人把保险当存款卖给老人？

③ 不以赚取利差为目的的业务，都可以叫中间业务。

理由有：一方面开展中间业务消耗的资本金较少[①]，另一方面中间业务不用担心坏账风险（受经济周期影响小）。但是，投资者也要清楚，**中间业务收入其实是立足在存贷等业务之上的。因为银行资产（贷款等）和负债（存款等）总量的多少，跟客户数量及客户口袋里的资金数量是挂钩的。**如果客户稀少，何来中间业务？[②] 我们可以这样理解——如果存贷业务是电影院的票房收入，那么中间收入就是门口卖爆米花的。

银行卖什么？

麦当劳卖汉堡，吉列卖剃须刀，那么银行卖什么？

银行的经营基础是建立在货币之上的，这一点比较特殊。货币不同于其他实物产品，其中一个最大的优势，就是它不会过期变质，不用担心存货贬值、损毁的风险。一些实物商品，如水泥，生产出来后保质期只有两三个月，之后它的标号等各项指标都会下降，不能继续使用；如煤炭，从地底挖出来后只能露天堆放，风吹雨打过后，其热值降低，售价打折。像这种具有贬值风险的商品，一旦供过于求，产品堆积，生产厂商就不得不大打价格战，以致利润下滑甚至亏损。反观银行，在报表中你压根看不到“存货”这个词语。货币不会过期变质，也不存在卖不出去的问题——每一份新增货币都会对存量货币产生稀释作用，它确实“不愁卖”。

即使是可以使用上百年的房地产，也面临折旧问题。实物商品中，不担心存货贬值的商品少之又少[③]。不过，在虚拟商品（如软件）和服务业

---

① 实际上一些中间业务消耗的资本金并不少，后面的章节还将提到。

② 目前来看，小型银行（特别是港股）的中间业务收入占比都不高。

③ 金银等贵金属、古董和高度白酒（但低度白酒长期存放会水化），这些东西不用担心过期变质。

中却根本不用担心这个问题。虽说银行的经营基础建立在货币之上，但银行是正儿八经的服务业，在GDP统计中也被归入第三产业。确切说，**银行是信用中介，它卖的是服务，经营的是信用。**

比如说有人想卖房，有人想买房，二手房中介就是中间搭桥牵线的。同样的，有人资金富余追求回报，有人资金短缺寻求借款，银行就是中间搭桥牵线的。与二手房中介不同的是，房屋买卖结果都是交易双方自行承担（不论好坏），但银行则不同，不论它能否收回贷款本息，都必须兑付储户的存款[①]。银行自行承担贷款等资产端的坏账，并保证兑付储户的存款，所以说银行是信用中介。

截至2016年3月末，银行的总资产已达203.3万亿元[②]，存款超145万亿。如果没有信用体系的支撑，银行做不到这么大。再想想看，客户为何不把钱夹在信封里邮寄，而要选择银行汇款？

银行之所以能运营下去，皆因其信用体系支撑。国外一些银行破产，有时并不是经营上出现了亏损，而是信用体系出了问题，储户担心收不回自己的存款，一窝蜂地在银行门口挤兑。

银行业的天花板在哪里？

“树不会长到天上去。”许多行业发展到一定程度后，常常会遇到“瓶颈”，增长停滞甚至倒退。产品生命周期理论揭示了一款产品的四个阶段：导入期、成长期、成熟期、衰退期，行业的发展阶段也常与之对应。在成熟期的中后期，整个行业内的产品销量会触碰到“天花板”。

如果某个行业的产品人人都需要（无法开拓新需求），人人都买得起

---

① 除非银行自己也倒闭了。

② 含政策性银行。

（无法“消费下沉”[①]），那么产品的产销量终将受制于人口总量，一旦触碰到这个“终极天花板”[②]，则该行业内的企业要想提高销量，就必须提高市场占有率，把竞争对手挤出去。如果行业内某几家大企业几乎占领了整个市场，彼此很难再将对手挤出，那么这些大企业本身就代表了整个行业，它们触碰到的是“双重天花板”。举个简单的例子，对于洗发水、牙膏等行业来说，它们刚被发明出来时可能很紧俏，但现在已经走进千家万户，未被满足的潜在需求已经很低，行业的增长空间受制于人口总量，这正是一个触碰到天花板的行业。

而处于衰退期的行业，又是另外一回事。它主要是整个行业的需求减少，例如美国的高楼大厦多是30年前修建的，可以使用上百年；又或者被新的更好的替代品打败，例如胶卷相机被数码相机替代。

让我们再回来看看银行业的天花板。从人口数量的层面来看，如今的国人基本都与银行有业务往来，即使是偏远的山区，也设有邮储银行、农村合作银行（农村信用社）等网点。对于银行整个行业来说，继续争取到新客户的潜力不大。但是，我们换一个层面来看银行业天花板的问题，又会有新的发现。普通的商品或服务，达到一定饱和度后就很难提高需求，比如你不会因为有钱任性，就每天刷十几次牙，所以牙膏的销量会受制约。但银行不一样，还记得吗，银行的经营基础是建立在货币上的。随着生活水平的提高，我们的票子越来越多[③]，各行各业的增长都会反映在票子上——2000年前我国轿车还很少，现阶段已陆续进入寻常百姓家。虽然牙膏行业不再增长，但任何新兴行业的增长，任何劳动生产率的提高，都

① 消费下沉指原本昂贵的商品或服务，价格降低后打开中低消费阶层的需求。如1990年代的电脑、手机等电子产品十分昂贵，如今已经走进寻常百姓家。

② 或者有需求的人都买得起且乐于购买，且有此类需求的人在总人口的占比很难提高，如不是所有人都喜欢喝酒。

③ 当然也有一部分是因通胀而起。

会把增长的力量输入到货币当中[①]，进入银行体系的货币也会随之越来越多。因为货币总量一直在增长，所以可以这么说，**只要银行的盈利模式没有被迭代，那它就是一个没有天花板的行业。**

我们来看看近些年的一些数据：

表 1－1　2006—2015 年中国广义货币量与银行业总资产对比　单位:亿元

	2006 年末	2007 年末	2008 年末	2009 年末	2010 年末	2011 年末	2012 年末	2013 年末	2014 年末	2015 年末	2015 年/2006 年	年平均增速
广义货币(M2)	345,578	403,401	475,167	610,225	725,852	851,591	974,149	1,106,525	1,228,375	1,392,278	402.88%	16.75%
银行业总资产(法人)	439,499	525,982	623,912	787,690	942,584	1,132,873	1,312,658	1,513,547	1,723,355	1,993,454	453.57%	18.29%

由上表可以看到，我国 M2[②] 数量从 2006 年末的 34.5 万亿元增长到 2015 年末的 139.2 万亿元，同期银行业[③]总资产从 43.9 万亿元增长至 199.3 万亿元。两者步调基本一致，银行的总资产增速更高一点，平均增速为 18.29%。

一般来说，在经济增速较快的年份，或者通货膨胀率较高的年份，货币增速也较高，银行资产的增速也相应较高。

天生高杠杆的银行业

银行天生就高杠杆，高杠杆来自银行的盈利模式。若不是高杠杆，银行根本赚不到钱——光靠 2% 至 3% 的净利差（没有杠杆的话），还不够养

① 提高劳动生产率，可以稀释货币超发带来的通货膨胀。

② M0 指流通中的现金；M1（狭义货币供应量）指单位在银行的活期存款 + M0；M2（广义货币供应量）指单位在银行的定期存款，居民活定期存款，证券保证金 + M1。

③ 含政策性银行。

活员工。

我国上市银行的杠杆倍数普遍在13至20倍①。高杠杆同时放大了收益和风险。在这里我们应当更关注风险：在20倍杠杆的情况下，只要5%的资产损失就会带来100%的伤害。巴菲特也曾说，只要银行不干蠢事，就是一门好生意。一些投资者提到银行的高杠杆就色变，这也完全没必要。并不是说银行有了高杠杆，就随时可能倒闭②——除非它们真干了蠢事。首先，银行有许多安全级别特别高的资产，如库存现金、存放于央行的款项、国债、政策性银行债券等，除非发生社会大动荡，否则不会波及这些资产——这相当于降低了杠杆倍数的杀伤力。其次，银行有资产减值准备和税前利润两重保护垫，只要允许银行慢慢消化不良资产，就可以用时间换空间。最后，一些资产（如贷款）进入不良后，并不意味着100%全部损失掉，银行可以通过处置抵押品等方法减少损失，有时甚至毫发无损。

相反也有不少投资者认为，国家出于维稳的目的，不会让银行倒闭，所以可以安心睡大觉。这种思想当然也是错误的。美国历次经济危机总有一些银行破产，还有一些则被其他银行收购，或被政府注资救助。对于股东来说，破产自然是血本无归，但后两种情况也没有好到哪里去，它们经常造成“银行还在，但老股东都不在了”的局面——因为股价已跌至冰点，股权被注资稀释后变得一文不值。虽然到目前为止，这三种情况在我国都较少发生，但并不缺前车之鉴。感兴趣的读者可以网络搜索“海南发展银行”③“汇金注资光大银行始末”等关键字。

由于银行高杠杆的特性，所以其资产质量是尤其需要注意的问题。可以这么说，诸如“办事效率高不高”“工作人员服务态度好不好”这类的

---

① 含表外项目。

② 开车可能发生车祸，不等于只要开车就一定发生车祸。

③ 海南发展银行是新中国成立后唯一一家倒闭的银行。

问题，无非也就是银行（利润）赚多赚少的问题。但银行资产质量一旦出了问题，那就是关系到生死存亡的大事了。

银行业的周期性特点

周期性行业指的是行业内企业的利润、产品价格及供求关系等时好时坏，呈周期性变化。造成周期性的主要原因，是行业内固定资产投资的周期性变化，此外也会受到整体宏观经济周期的影响（需求端）。

如果把钢铁、汽车等归为强周期行业，把食品饮料、医疗等归为弱周期行业，那么银行应当算是中等程度的周期性行业。银行的周期性主要是受宏观经济、政府的宏观调控政策影响。

在宏观经济繁荣向上的年头，企业利润高，贷款等融资需求旺盛，银行的净利差[①]较高且坏账率较低；相反，当宏观经济增速放缓甚至萧条时，企业利润低（特别是产能过剩行业），企业的融资意愿低，此时银行的净利差较低且坏账率偏高。另一方面，多数时候政府的货币政策起到逆周期调控的作用——在经济繁荣时降温以防止吹大泡沫；在经济萧条时实行刺激政策以促使经济早日复苏。货币政策通过货币总量和资金利率两个方面引导金融市场，前者是银行的“量”，后者是银行的“价”。因为国家宏观调控政策附着在宏观经济形势之上，所以总体而言银行的周期性与宏观经济周期趋同，即在经济繁荣时业绩向好，在经济萧条时业绩堪忧。

投资者必须知道，银行是收益靠前、损失滞后的行业。银行放贷在前，放贷时借款年限、借贷利率等条件已经框定。而借款企业基本面的变化（经济情况转变）在贷款放出去以后，才开始发酵。

---

① 因为活期存款利率变化较小，净利差主要因此拉开距离。

银行的收入是净利息收入及中间业务净收入，而支出则是各种税费、业务及管理费、资产减值损失（坏账）。银行在运营利差型业务时，已经考虑了各项支出成本，以及自己所需要获得的利润。**银行要预估自己的各项税费、业务及管理费很容易，但它对坏账风险的预估却可能出现较大偏差。**在利差中有一部分是对风险损失的补偿。在经济繁荣的年头，人们（包括银行）对未来充满了信心，要求的风险补偿也较低；在经济较差的年头，人们（包括银行）的风险意识强烈，要求的风险补偿也高[①]。因此在经济由好转坏的过程中，会存在利差中的“风险补偿”不能完全覆盖“坏账损失”的情况，换句话说就是低估了“风险”。同样的道理，当经济由坏转好的过程中，由于前期银行的风险意识比较强烈，要求的风险补偿也比较高，但实际上经济已经由坏转好，所以这些过多要求的风险补偿就转化成了利润。

银行业最危险的时候，是他们情绪最乐观的时候（跟股市有点类似）。此时银行业往往有以下共同特点：资产负债表拼命扩张，风险意识弱，对抵押品要求低，想方设法加杠杆等——最终都指向一个结果，银行低估了未来资产的风险程度。由于此时经济繁荣，银行业绩向好，股价往往高高在上。可是一旦经济形势反转，投资者可能面临业绩下降和估值水平下移的双杀局面。反之，银行最安全的时候，是银行情绪最悲观的时候，最为惜贷的时候。即使经济已经爬出泥潭开始走好，但惯性作用下风险意识仍然高涨。尽管银行业的风险已经充分暴露，但各种鬼故事仍然不断，股价也被打入谷底。随着经济形势走好，投资者有机会面临业绩上升和估值水平上移的双击局面。

---

① 银行利差的形成，同时受资产端（如贷款）和负债端（如存款）的供求关系影响。银行对风险补偿的要求，影响到的是资产端的需求方，这是众多利差影响因素中的一个。

银行算轻资产行业吗？

资产需要滚动起来才能获利，主要依靠固定资产滚动获利的可视为重资产行业，主要依靠流动资产滚动获利的可视为轻资产行业。

像钢铁、汽车这类重资产行业，一旦开工率达到生产上限，扩大规模就需要消耗资本，如花钱兴建厂房，扩充生产线等。而这些固定资产的建设工作，短则一年，长则三五年。等到自家的厂房和设备都投产时，才发现原来竞争对手的新厂房也都投产了。此时如果需求端没能跟上，就变成了“产能过剩”。

在供过于求的状态下，产品价格下降。即使上述重资产行业已经开始亏损，也不得不开足马力生产。这是因为重资产行业的成本中有很大一块是固定成本——新建的厂房和设备，不管你开不开工都要折旧。

当然了，重资产行业也并不是没有甜头吃。比如当需求大增，产品供不应求时，其价格自然也开始上涨，此时企业利润大增。但是新增产能还得数年后才能跟上，这又使得供不应求的状态短期内得不到缓解，企业的好日子还能持续一段时间。

以下是重资产行业生意模式的一些特点：

（1）先投一大笔钱建设固定资产，投产后才开始获益。

（2）周期性主要由固定资产投资的时间差造成。

（3）总资产中固定资产占比高，成本中固定成本占比高。只要产品售价高于浮动成本，即使亏损也继续生产。

（4）自由现金流少，新增利润必须重新投入——要么用于扩大再生产，要么用于机械设备的更新换代等。

我们再来看银行业的情况。银行虽然也是周期性行业，但它的周期性是因为受宏观经济周期影响，而不是因为行业内固定资产投资的周期性。银行在扩大经营规模时，不需要大量的固定资产投资，固定成本占比不高。银行的经营建立在货币之上，新增的货币一旦投放，瞬间就会融入到市场中去——这在供求关系上不存在时间差，不会造成一会儿严重供不应求、一会儿又严重供过于求的情况。

从以上特点来看，银行更像轻资产行业。但有一点例外，银行的自由现金流少，新增利润很大一部分要拿去补充资本金[①]，用以扩大经营规模。当然这也并不完全是坏事——如果一家企业拥有大量自由现金流，找不到出路又不愿意分红，只能趴在账上买点理财产品什么的，这种情况也不见得更好（对投资者而言）。

① 主要是受限于“核心一级资本充足率”，在后面的章节中还将详细讲解。

第二章
银行会不会过度竞争？

好行业如顺水行舟

俗话说，女怕嫁错郎，男怕入错行。在某些行业，即使企业做得很好，也无法获得令人满意的利润。巴菲特曾说，收购伯克希尔·哈撒韦公司是一个“价值2000亿美元的错误”。别看它现在是一个集保险、食品、能源等于一身的大型集团公司，股价已高达21万多美元/股①，但其实最开始的伯克希尔·哈撒韦却是两个纺织厂合并而来。当时的美国纺织业遭受来自发展中国家廉价纺织品（廉价的劳动力）的冲击，在竞争中处于劣势，逐渐步入夕阳行业，但巴菲特仍然将大量资金投入这个行业。这些资金受到了长达20年的拖累，并且他本人也花费了大量精力。如果当年没有收购伯克希尔·哈撒韦，而是将资金投入到其他赚钱的行业，巴菲特管理的市值可能还会增加2000亿美元（经过复合增长后）。

除了夕阳行业外，还有一些行业总是处在整体的微利状态。企业的大饼被来自同行业的竞争者，有话语权的供应商，谈判能力强大的买家，虎视眈眈的替代品给撕得七零八落。

好行业是挑选好公司的第一步。在一个烂行业里，即使再优秀的公司也很难力挽狂澜。这就好像再有经验的船长，面对逐渐沉没的船舶也只能一筹莫展。

那么我们回过头来看银行业，它是不是一个好行业，会不会陷入过度竞争的局面?

① 伯克希尔·哈撒韦的A类股份，2016年3月31日的收盘价格为213450美元。

牌照最值钱

如果小区门口的小卖部生意火爆，那么不久旁边就会新开一家小卖部。类似这种无门槛的竞争领域，长期看只能获得社会平均甚至偏下的回报率。又如房地产行业，一个项目动辄几千万上亿元的投入，并非普通小老百姓就能介入。但只要利润可观，以前卖猪的、卖电器的，各行各业都跑到房地产行业插一脚。由于公司股份制这种制度设计，一些大额投资的领域完全可以通过集资的方式筹集资金，所以资金门槛算不上门槛，它挡不住资本获利的冲动。

银行则有所不同，银行并不是谁想开就能开的，它需要“牌照”。没有牌照，就算你手头资金再多也开不了银行。这时常让我想起电影《武状元苏乞儿》中“奉旨乞讨”的桥段。

目前中国有四千多家银行，虽然数量众多，但大部分是各地的城市商业银行和农村合作银行（农村合作信用社）。我国商业银行的大头主要是全国性国有大行和全国性股份行，共17家，它们的总资产占全体商业银行的73.9%（2015年末）。

要拿到银行牌照并不容易，最后一家大型银行牌照是1996年开设的民生银行。而数千家城市商业银行和农村合作银行分别由之前的城市合作信用社、农村合作信用社转制而来。银行业有一个“婆婆”管家叫“银监会”，要拿到新的银行牌照，需要银监会甚至国务院批准。而已经拿到牌照的银行，在开设新网点时也需要银监会这个“婆婆”批准。这在一定程度上限制了银行的发展速度，减缓了银行的竞争。

不过也需要注意，最近的国家政策鼓励民营资本开设银行，2014年三季度开始，第一批试点（五家）银行开始筹建[①]。截至目前，这些新开设的银行规模较小，影响不大——相对于目前199万亿元的银行总资产来说，这些新银行在短期内都难以冲破1万亿元的总资产（不到0.5%的新进竞争者）。但如果新银行牌照开放的速度太快太猛，投资者就得小心了——这种情况下，银行也可能会过度竞争。

上世纪80年代末期，中国台湾开放民营资本进入银行业，初期发放了大量银行新牌照，导致银行业竞争过度，银行经营状况不断恶化。开放民营银行后的十年间，中国台湾本地银行数量由1991年的25家增加至2001年的53家，银行在岛内的分支机构数量则由1046家迅速增长至3005家，其银行业随后也经历了一系列危机。

正所谓物以稀为贵，如果未来谁都可以容易地拿到银行牌照，那么这张牌照也就不值钱了。届时银行的竞争肯定比现在激烈得多，投资者则需要重新评估整个银行业的投资价值。

超车？当心“紧箍咒”！

与其他行业不同，如果某家银行想要挤压同行、侵占市场，那么它耳边就会响起“紧箍咒”。这道“紧箍咒”就是“核心资本充足率”！在本节中，我们先不理会那些复杂的专业术语，重点看看这个“紧箍咒”到底是怎么回事。

我们来看银行最简单的存贷业务：虽然在一存一贷的过程中，银行的角色是信用中介（媒介），但“空手套白狼”可不行！如何让储户相信他们的存款是安全的呢？万一贷款收不回，银行拿什么保证储户的资金安

---

① 分别是温州民商银行、深圳前海微众银行、天津金城银行、浙江网商银行和上海华瑞银行。

全呢?

为了防范这个风险，也为了打消储户的疑虑，全世界最精明的银行家们坐在一起开会，开发出来“核心资本充足率”这个指标（可百度“巴塞尔协议”）。简单地说，银行想做100元的生意（配置100元风险资产），就得从自己口袋里拿出8.5元“本钱”。如果风险资产发生了损失（如贷款坏账），先从银行的税前利润和本钱里扣除，以此来保障银行负债端（储户）的安全。

我们来看看，如果某家颇具野心的银行想要抢占市场——简单说就是左手、右手之间倒腾更多的钱（净利息业务，如存贷业务）。那么这家银行很快就会发现：真尴尬，自己口袋里的钱（资本金）不够使啊！就好比汽车跑着跑着发现没油了一样，银行这时也需要加油。银行自己揣着约8.5元，经营着100元的风险资产，一年下来也就赚那么1块多钱的净利润。靠自己努力干活就只能加这么点油了，如果还想超车（跨越式发展），就得想办法从小伙伴（股东）那里掏钱了①。

以前有人担心利率市场化全部完成后②，各家银行会无节制地抢存款，不断提高存款利率，最后大家都没钱赚。其实，不管哪家银行抢存款，都得掂量下自己口袋里有多少本钱。等到它囊中羞涩时，自然没必要再拉高存款利率。银行在抢客户、抢存款的时候，一只叫“核心资本充足率”的手就会掐住脖子，并高喊道：“别抢了，给其他银行留口饭吃吧!”

我们用券商来对比着看。券商的经纪业务（就是证券开户和交易）由

---

① 风险资产增速≈ROE－分红率。如果想在风险资产上超速，就得考虑再融资了。

② 利率市场化的最后一步是放开存款利率上限，这一步在2015年10月24日完成。央行虽规定存款基准利率，但上浮比例由银行自行决定。在存款利率放开初期，不排除监管部门就存款利率上浮比例向银行进行窗口指导。

于没有类似的资本金限制，券商不需要太多本钱[①]就能把客户的数量和资金量垒上去。也因此券商不断下降佣金率吸引客户，目前普通客户也能拿到万 2 或万 2.5 的佣金水平。这个佣金率在扣掉上交给两大交易所的各项规费以后，已经是微利了。

可以说银行在扩张过程中，都要受到核心资本充足率的约束。这个紧箍咒虽然套牢了股东的“本钱”，也放缓了优秀银行的扩张步伐，但它的好处是限制了银行业的过度竞争，大家都可以活得滋润。近些年许多银行都在提“轻资本发展战略”，实际就是尽量躲开“紧箍咒”[②]。

银行股白菜价是好是坏?

截至 2015 年底，已有 16 家银行在 A 股上市，它们的总资产为 118.8 万亿元，而全国商业银行的总资产为 155.8 万亿元，前者占后者的 76.3%。如果算上港股上市银行，这个比例还会更高。银行一旦在交易所上市，就成为公众型公司。如果它需要增加资本金（前面说的“本钱”)，除了利用留存利润，就只能通过股市。不管是定向增发，公开增发，还是配股，都要通过股东大会、银监会、证监会三层批准。

自 2011 年以来，A 股银行股估值经历了长达五年多的低谷（当然港股也没好到哪去)，股价常年徘徊在每股净资产上下，投资者也总能见到类似“银行股白菜价”的新闻标题。不过，估值一直趴着并不代表投资回报

① 根据最新的《关于证券公司风险资本准备计算标准的规定》（中国证券监督管理委员会公告〔2012〕36 号)，券商须对经纪业务的交易结算资金总额计提 0.4% 至 4% 不等的风险资本准备。在此基础上，券商须保证净资本/各项风险资本准备之和 > 100%。由于仅仅是针对结算资金计提，所以该项监管对券商经纪业务发展的束缚不大。

② 即多开展资本消耗低的业务，有两条主要途径：一是重点开展某些中间业务（如托管业务、销售理财产品等)；二是配置风险权重低的资产。

率低，其实在此期间的任何时点，以低于每股净资产的价格买入银行股，可以获得20%左右的复合年化收益率。因为在2014年及以前，各银行股均交出了靓丽的报表，拉低估值的功臣是业绩增长而非股价下跌，股价并没有大多数投资者“潜意识”中的不堪。我们来看看这些年几个关键指数的表现：

表2－1　上证指数及内地银行指数点位对比

时间	2005年6月6日	2007年10月16日	2008年10月28日	2009年8月4日	2013年6月25日	2015年6月12日	2016年5月9日
上证指数（000001）	998	6124	1664	3478	1849	5178	2829
内地银行（000947）	958	8106	2229	5567	3236	6899	5289

注：指数随分红而自由回落，近年银行股分红率高于上证指数。

银行股用每年赚到的利润，不断垒高每股净资产，同时净利润也在增加。说银行股“白菜价”，并不是它的绝对价格低，而是股价相对于估值来说显得低。有意思的是，如果你是一名长期投资者，“白菜价”反而是好事！一方面，你可以用工资等收入不断买入便宜的银行股①，避免付出过高的代价；另一方面，银行股的“白菜价”，也缓和了业内竞争度。

在熊市中，一谈融资就色变（特别是大额融资），再融资不受投资者欢迎。曾经某保险公司的千亿巨额融资传言，直接把大盘都打趴下了。银行想在熊市中再融资，也不是件容易的事。监管部门在银行的再融资上，尽量以对股市影响小的定向增发、配股为主，而且还是一家一家岔开时间进行。对于已上市的A股银行股，股价低于每股净资产时很难再融资（股权收益过度摊薄），这种行为也不被中小投资者理解。在银行股再融资最悲观时期，甚至还量身定做了优先股融资方案。此外，银行股股价“低迷”，致使银行在A股的IPO难以成行，不得不借道港股IPO。

在这样的背景下，银行很难筹集到扩张所需的“本钱”。因为上市银

① 如果你一生中都需要吃汉堡，那你肯定不会为汉堡涨价而感到高兴。

行在银行业中的占比较高，一定程度上代表了整个行业。即使未上市的银行，在股权转让或再融资时，也拿不到很好的交易价格（上市银行的股价是重要的价格参照），因此它们从外部筹资以实现“超车”的意愿并不高。

基于以上原因，银行股的白菜价在一定程度上缓和了行业的竞争。银行在发展时，很大程度上依靠留存利润实现内生性增长，依靠大额融资实现弯道超车的机会则很少。

开户流程烦琐，能否形成竞争壁垒?

曾经阅读某些外版投资书，书中提到因为银行开户比较麻烦，需要填写许多开户资料，所以客户（主要指存款）不会因为其他银行的利率更高，就频繁更换自己的银行户头。就这一点来说，银行可以形成一定的护城河（竞争壁垒）。

上面这个看问题的角度出自摩擦成本。例如，购买普通零散消费品时（如香烟、槟榔），人们往往会选择附近的便利店，而不会穿过好几条街去大型超市购买——因为与小价值的零散消费品相比，花在路上的时间和费用（摩擦成本）过多，不划算。

虽然有摩擦成本保护，但便利店并没有构建出坚固的护城河。那么对于银行来说，又怎么样呢?

对于个人客户来说，目前银行的开户已经非常便捷①，储户只需携带身份证件到场即可。银行将流程简化，大部分填表工作已经转移给银行工作人员，客户只需在确认单上签字就行。许多银行还推行可以开户的自动柜员机，甚至赠送鸡蛋、牛奶等开户礼品。由此可见，这一层由摩擦成本

---

① 许多年前个人开户也很烦琐，填一堆资料。

构成的“护城河”，可以轻松被竞争对手打破。

再来看企业客户开户，会不会复杂点？确实，企业开户耗时较长，流程烦琐，需要准备的资料也更多，如营业执照、税务登记、组织机构代码证、法人身份证、授权委托书等，还包括各种公章、财务章、法人章以及预留印鉴等。搞完这些还不算完，还需要银行层层审批通过。我们都相信，不会有人愿意为了蝇头小利，反复去跑这些流程。但是，即使像这样烦琐的摩擦成本也不能构成护城河。这主要源自企业客户的两个特点：一是走这些烦琐流程的大多是公司里的基层办事人员，他们跑去银行开户，并不是自己愿意跑来跑去，而是出自上级领导的指令。如果公司遇到新开户的需求，这些烦琐的开户流程，并不会给发出指令的上级领导带来困扰。二是由于企业客户的资金量大，真有在其他银行开户的需求，一般也不会是蝇头小利，要么方便公司的资金进出，要么节约大笔财务费用。基层办事员工的人工成本与这些便利比起来①，显得微不足道。对于规模稍大的企业来说，都会在好几家银行开户，其中有一个是基本账户，其余为一般账户。

无差异化竞争

在前作《投资第一课》一书中，我们提到在竞争中，企业至少要占住以下三角中的一个：更低的成本、更好的质量、差异化的体验。如果产品或服务没有质量好坏的区别（如电脑的运算速度），或者差异化的体验（茅台酒的独特口味），那么低运营成本②（或曰高运营效率）则形成最重

---

① 企业不会因为银行开户而单独招聘一名员工，企业花费的实际是已经支出的人力成本。

② 所谓低运营成本，指的是办同样多、同样好的事花更少的成本；或者花同样多成本办更多的事，或把事办得更好。

要的竞争优势——它为企业间的价格战提供有力支撑。这样的行业有煤炭石油、金属冶炼等。

很遗憾，银行业正是这样一个差异化很小的行业，银行提供的金融产品和服务，都很容易被竞争对手模仿和超越。比如许多投资者欣赏某家银行的服务态度——工作人员贴心服务、笑容可掬。虽然这确实可以形成一定的客户黏性，但它并不构成“护城河”，因为竞争对手可以模仿并超越。当某个无差异行业大打价格战时，服务要么显得相对不重要，要么大家都能做得很好。至于银行提供的金融产品，就更容易被竞争对手复制。对于客户来说，两份条款相同的金融产品是完全无差异的。在客户眼中唯一的区别，主要是对银行信用体系的信任度——大型银行机构显得“更安全”。但是，2015 年 5 月 1 日我国的存款保险制度正式施行，对 50 万元及以下存款账户提供偿付。这样即使是小型银行，在它倒闭破产时储户也能拿回存款，并没有什么好担心的。

许多投资者认为营业网点多，构成银行重要的竞争优势，但实际情况并非如此。在银行业务电子化的大背景下（许多银行电子替代率 80% 以上），网点的多寡并不构成竞争优势。而小型银行对跨行转账、跨行（或异地）取款等业务提供免费服务，进一步缩小了网点多寡的竞争差距。近十年来，不管是营业收入还是净利润，股份行、城商行的增速反而超过网点多的国有大行。

对于同质化程度较高的银行业来说，更低的运营成本或更高的办事效率就显得很重要。其实金融业都有同质化高的特点，巴菲特赞不绝口的爱将 GEICO（盖可保险，或称“政府雇员保险”），就是通过保险直销来建立低成本优势的。

既然银行业的同质化高，很难形成护城河，那还有什么必要对银行股精挑细选？这其实是一个投资误区，可能与价值投资类书籍过于强调“护城河”有关——投资者不应忽略企业运营中“人”的重要性。在银行股的赛跑中，优秀银行经常是各领风骚三五年，这反而更体现出精挑细选银行股的重要性。

最后，必须提醒投资者警惕银行业“产能过剩”的情况。银行业本身不生产实物产品，何来过剩之说？如果过多的资本金流入银行业，不管这些资金源于行业内部（如股东注资），还是新进竞争者（新发放的银行牌照），都可能引发银行业的过度竞争。过度竞争之下，无差异化行业会陷入价格战之中。具体到银行业来说——各家银行争先恐后提升存款利率拉存款，降低贷款利率拉贷款（利差缩小）；为了吸引客户，各项中间业务还免费，最后大家都没钱赚。

任何时候，如果银行间大打价格战（以价格①为主卖点），投资者必须认真审视银行的盈利能力，评估该阶段的银行股是否值得投资。

来自行业外的威胁

除了银行，资金需求方还可以通过其他渠道完成融资。对于银行来说，这些渠道构成行业外的竞争。举个简单的例子，一家企业如果通过发行债券拿到了资金，它也就不需要再向银行贷款了。

银行外的融资渠道包括：股权融资、债券、信托、委托贷款、小额贷款（公司）、P2P 借贷、民间借贷等。目前在我国，银行仍然是最大的融资渠道。

有竞争并不可怕，再怎么说也不可能通过银行一条途径去满足所有的社会融资需求。值得庆幸的是，罗马不是一天建成的。即便另一种融资渠道抢占银行的蛋糕，它也是一步一个脚印的过程。我们可以通过一些官方

① 资金的价格体现在利率上。

的数据，来跟踪和观察趋势的变化。

在中国人民银行的官网上，每个季度都会发布《货币政策执行报告》，方便投资者了解银行股所处的大环境，其中也包含有各种主要融资渠道的比重，如表2－2。

表2－2　2015年末社会融资规模存量　　单位：亿元

	社会融资规模存量①	其中						
		人民币贷款	外币贷款（折合人民币）	委托贷款	信托贷款	未贴现银行承兑汇票	企业债券	非金融企业境内股票融资
2015年末②	1381383	927526	30193	109328	53925	58542	146258	45251
同比增速③%	12.4	13.9	－13.0	17.2	0.8	－14.8	25.1	20.2

注：①社会融资规模存量是指一定时期末实体经济（非金融企业和住户）从金融体系获得的资金余额。②当期数据为初步统计数。③存量数据基本账面值或面值计算。同比增速为可比口径数据，为年增速。

除此之外，银监会的官网上，还按月公布银行业的总资产数量（境内，如表2－3所示），按季度公布银行业各项监管指标（包括不良资产率和净利润）。从这些数字我们可以判断，整个银行业的蛋糕是越做越大，还是越做越小。

表2－3　银行业金融机构资产负债情况（境内）　　单位：亿元

时间 / 项目	2015年											
	1月	2月	3月	4月	5月	6月	7月	8月	9月	10月	11月	12月
总资产	1696799	1708437	1743674	1761657	1803745	1836793	1857036	1879368	1878758	1885793	1911819	1941748
比上年同期增长率%	13.9%	12.5%	11.9%	11.9%	13.0%	12.7%	15.0%	15.5%	15.0%	15.0%	15.5%	15.5%
总负债	1571834	1581562	1614464	1630670	1670790	1703798	1716816	1736538	1734636	1739468	1763246	1790482
比上年同期增长率%	13.4%	12.0%	11.3%	11.3%	12.5%	12.1%	14.2%	14.7%	14.2%	14.3%	14.9%	14.8%

第三章

互联网会颠覆银行业吗？

真有其事，还是鬼故事？

经常听到一句话，“互联网（或互联网金融）将会颠覆银行业”。我觉得这句话在一定程度上是对的，但很多投资者却把它理解成两个部分，一个部分是“互联网（金融）就要蓬勃兴起了”，而另一个部分是“银行就要完蛋”了。从20世纪末开始，我们也常听到“互联网会颠覆我们的思想”之类的观点，但却没有人将其理解成“互联网兴起”和“我们的思想要完蛋了”这两层意思。

这是为何？

说到底，其实是人的情感参与在其中而已。放在证券市场，也就是“股价惹的祸”。实际上，只要稍微了解银行和互联网金融的盈利模式，根本就不可能得出以上匪夷所思的结论。恰恰相反，**银行是互联网等高科技发展的受益者**。互联网等高科技其实是劳动工具，而银行业是信用中介（服务业），是劳动工具的使用者。

记得以前某银行行长说过，银行柜台办理一笔业务，成本在3元以上。我不清楚3元/笔的成本，是仅指人工成本，还是包含了网点租赁、建设等固定费用分摊后的成本。但是将银行柜台员工按5万至7万元年薪保守估算，日薪约是180至260元，按一个银行职员每小时办理10至15笔业务计算，平均成本也超过2元/笔。

如果把这笔业务放在互联网上办理，成本是相当低廉的。在网上银行的IT系统架设完毕之后，其边际成本趋近于零。虽然初期投入较大，但因为使用的客户多，摊薄后的单位平均成本微乎其微。21世纪初，内资银行的成本收入比[1]普遍在40%以上，而近些年许多银行的该项指标普遍降低至25%左右。

之所以银行成本收入比会降低，很大程度上是电子化（替代人工）带来的，这包括网上银行、手机银行、自动柜员机、数据处理系统等[2]。以浦发银行为例，2000年其成本收入比为48.4%，假设其2015年的成本收入比仍为48.4%，那么其2015年的净利润将减少约292亿元（下降57.2%）。互联网科技对银行经营的帮助，由此可见一斑。

如何颠覆？

互联网这个劳动工具的本质，是信息的传递。不管是通过互联网阅读新闻、看视频，还是网上购物（含支付），都是将信息从一端快速地传递给另一端。比如网上购买火车票，发生的信息传递有：告诉售票网站某些人某天要乘坐某列火车，告诉银行（或第三方支付平台）把钱付给售票网站。在互联网购票出现前，实体购票花费更多人力物力：搭乘交通工具前往售票厅、排队、告诉窗口要买哪些火车票、付款（现金或刷卡）。很显然，用互联网传递购票信息，比自己乘坐交通工具跑一趟快捷得多；互联网处理售票信息的速度也比人工快得多。

前面我们讲到了银行的生意模式，其实是银行自己拿一部分本钱作信用保证，在借方和贷方之间赚取利息差，顺便倒腾点手续费等中间收入。这个生意模式并不能用信息传递来代替——虽然其中也可用互联网（工具）来完成某些信息传递工作，但信息传递不是银行生意模式的全部。

银行也可以使用互联网等高科技工具，并不是互联网企业才能这么

① 即业务及管理费/营业收入的比值，一般来说这个比值越低说明银行的成本控制能力越强。

② 当然也有银行管理效率提升的功劳，特别是引进了一系列国外大行的管理经验。

做。当然，建立在互联网工具之上的“互联网金融”，也有许多灵活巧便之处。我们一起来看看，它们能否颠覆银行？

目前被称为互联网金融的，主要有“宝宝类”货基[①]产品、P2P 网上借贷以及针对网上购物买家和卖家的小额贷等。一个新兴的行业或产品，要替代掉旧的行业或产品，必须同时具备“更低的成本”与“更好的性能”，否则不会发生替代。反过来说，一款产品要么更好（立足高端），要么更便宜（立足中低端），如果两者都不沾（谁会购买又差又贵的东西呢？），那它就会被淘汰。

货基与存款

我们先来看看“宝宝类”货基产品。很多人初次了解货基，源于 2013 年中横空出世的“余额宝”，但其实货基早已有之。世界上第一只货币市场基金由布鲁斯·R. 本特在 1971 年创立，我国第一只货基则于 2003 年底成立。货基在美国已经发展了四十多年，但它也没能颠覆美国的银行。

货基由基金公司募集，它不像银行那样需要资本金来保障兑付（信用）。货基的风险本来就是由投资者自行承担的，基金公司不承担风险，只从中抽取管理费。这是货基与银行之间最大的区别——盈利模式不同。许多人认为货基是“零风险”，这是不准确的。2008 年 9 月 15 日，雷曼兄弟破产倒闭，引发一轮美国货币市场基金危机。在金融危机中，许多原本看起来很安全的债券和商业票据变得一文不值，投资了这些金融产品的美

① 即货币基金。货基集合投资者资金，投资于短期债券和票据、银行协议存款等安全性较高、流动性较好的投资品，并给投资者按日（或工作日）计算投资收益。

国货基也因此遭遇重创[①]。

先撇开这些极端风险事件不说，我们回到国内，来看看正常年份的货基和存款。对普通老百姓来说，货基确实可以很好地替代存款（尤其活期存款），但它会不会“颠覆”银行？我们从以下三个方面进行对比。

一是流动性（便捷度）。

活期存款可以随时取用，定期存款在办理提前支取手续[②]后，也能随时取用。而货基则为 T + 1 支取，不过许多货基提供“快速取现”服务（实际是基金公司或第三方资金垫付），同样能实现随时取用。就流动性而言，两者是打平的。

二是安全性（风险性）。

银行用自己的信用体系保障存款的兑付。除此之外，我国还建立了存款保险制度，对 50 万元以下存款账户提供偿付支持，银行存款的风险很小。而货币基金则投资于短期债券、商业票据、银行协议存款等。这些投资去向的安全性有高有低，如政策性银行债券相当于金边债券，甚至比银行存款更安全；而一些短期企业债[③]（特别是过剩行业）的安全性就比不上银行存款。由于基金公司也有维护自身商誉的需要，所以在损失金额不大的情况下（基金公司能承担的情况下），基金公司有可能自掏腰包来弥补投资者的损失。总体而言，货基的安全性不输于银行存款，但一些为博取高收益而投资于高风险短融债的货基除外。

三是收益性。

就最近三年的表现来看，货基的收益率高于活期存款利率，大多数时候也高于一年期定期存款利率。

---

① 次贷危机后，美国长期实行宽松的货币政策，如数轮 QE（量化宽松）以及接近于零的超低利率。在这个背景下，许多货基难以维持（赚不到管理费），主动关闭了基金。其中包括 PayPal 公司的美国版“余额宝”（1999 年成立，2011 年关闭）。

② 会产生一些利息损失，提前支取的定期存款按活期计息。

③ 2015 年底，就有货基“踩雷”山水水泥短融债。

综合来说，货基在流动性和安全性方面与银行存款不相上下，但在收益性方面却好于银行存款。因此理性的投资者应当更多地选择货基而不是银行存款。截至2015年末，国内存款总额约计136.6万亿元，货基规模则为4.4万亿元。考虑到近几年货基发展十分迅猛，时不时就有“存款大搬家”的新闻报道，那么货基究竟能否替代银行?

我们先来看看近年它们的发展情况：

表3－1　货基与存款规模比较

序号	项目	2011年	2012年	2013年	2014年	2015年
①	货基规模（亿元）	2498.05	5717.28	7475.93	20862.43	44443.36
②	存款性公司存款（亿元）	817651.5	943943.14	1073890.87	1199251.13	1365501.39
③	M2（亿元）	851590.9	974148.8	1106525.0	1228374.81	1392278.11
④	②:③	0.960	0.969	0.971	0.976	0.981

注：货基规模数据来自中国证券投资基金业协会官网。存款性公司存款数据来自央行官网，由单位活期存款、准货币、广义货币以外的存款相加而得。

由上表我们可以看到，货基规模确实出现了一波快速增长。特别是2013年以后，受互联网宝宝类货基的推动，货基规模以连续翻番的速度暴增。但从存款规模的增长情况来看，货基并没有起到替代存款的效果。

我认为货基无法替代银行的存款，主要原因有：

（1）货基从投资者那里募集资金，投向短期债券、商业票据、银行协议存款等渠道，这些资金最终又回流到银行体系中来。例如短期债券的发行人获得融资资金后，又会存回银行。广义货币M2的概念中，除了现金就是存款，只要M2还在继续增长，银行存款也会随之增长——毕竟以现金形式存放资金，既不安全也没有利息收益。

（2）目前阶段货基收益高于银行存款，但如果货基规模扩大，则要么收益率降低，要么安全性降低。因为某一个时期内安全等级高的金融资产总量有限，货基规模增大后狼多肉少，抢夺之下收益率必然降低。如果货基改而投资风险较高的短期金融资产，又会降低其安全性。综合来说，货基规模增大到一定程度后，它的相对优势也会逐渐消失。

（3）“宝宝类”货基的最大优势，就是快捷的信息传递。“宝宝类”货基的客户获取成本更低，通过互联网入口，可以轻松引入流量（客户）。而对银行体系来说，截至 2016 年 3 月末，纸币（M0）共计 6.47 万亿，电子货币（M2－M0）则超过 138 万亿元，前者只占后者的 5% 左右。这些电子货币本身就在银行系统内运转，通过专有网络完成信息传递，银行在传递工具的效率上并不输于互联网金融。

（4）银行必须方便客户存取现金，所以它还得支付网点和 ATM 机的建设费用，支付现金押运、清点等费用。但货基不需要做这些工作，它直接从投资者的银行账户里划转资金。如果货基的规模足以威胁到银行业生存，这个矛盾就会凸显出来——银行还会给货基提供“免费的午餐”吗？如果银行向货基收取资金划转的费用，货基将如何应对？如果此时基金公司自行开设网点办理货基申赎，那又脱离了互联网金融，跟原来的银行没区别，又谈何颠覆？

尽管如此，在银行股投资时还是不能小看了货基的影响，毕竟货基抬高了银行获取资金（负债端）的成本。随着货基规模的增大，这个影响还会更明显。投资者可以适当关注货基规模、银行存款规模的增长情况。

P2P 借贷与银行贷款

P2P（peer－to－peer）即人们通过互联网直接发生联系，投资者通过网贷平台直接把资金出借给借款人。同样的，P2P 网贷也是投资者自行承担投资风险，P2P 平台赚取手续费①等收入。这也是 P2P 网贷与银行存贷业务最大的不同——生意模式不同。

---

① 许多网贷平台在发展初期，并不收取任何费用，甚至还自掏腰包补贴用户，以期做大规模。

就目前P2P网贷的发展现状来看，它的竞争对手主要是小额贷款公司、民间借贷等，P2P网贷与银行几乎不形成竞争，更谈不上取代。对投资者来说，P2P网贷的收益和风险均较高；而高利率也对资金需求方形成反向选择——信誉好、还款能力强的个人或公司，会选择其他成本（利率）更低的融资渠道，剩下还款能力较弱的借款人才考虑从P2P网贷平台筹集资金。

除此之外，投资者还须考虑P2P网贷平台“跑路”的风险。一些不法平台发布虚假借贷信息，将投资者的资金挪作他用，就是彻头彻尾的庞氏骗局。对比之下，银行的信用等级比P2P网贷公司高出一大截，这也无形中增加了P2P网贷平台吸收资金的成本（利率）。

当然也有一些负责任的P2P网贷公司，对借贷项目进行实地调研。还有一些网贷平台和第三方担保公司（或小额贷款公司）合作，共同进行实地调研，或由第三方担保公司对借贷方提供担保。相比之下，银行在发放贷款的过程中，也是由职员进行实地调研，并提取一定的担保物。不过从操作成本上来说，由于P2P网贷项目的金额普遍偏小，不具备规模优势，所以它只能通过提高借贷利率来覆盖这一项成本。

网贷银行

之前有网友问到了网贷银行，它们通过大数据分析进行放贷，会不会颠覆传统银行？因此我在网上搜寻了一些相关资料。虽然相关的材料较少，但还是可以很清晰地窥见网贷银行的经营思路。

目前已经成立的互联网银行有浙江网商银行、前海微众银行[①]，背后

① 还有中信银行与百度合作的百信银行（筹建中）。

的支持者分别为阿里巴巴和腾讯。阿里系下的互联网金融有蚂蚁花呗、蚂蚁借呗、蚂蚁小贷等。蚂蚁花呗主要向消费者提供30天免息的消费贷以及分期还款（主要收入来源）；蚂蚁借呗类似小额贷款，等额本金还款，日利率万分之三；而蚂蚁小贷则主要面向网上商家提供贷款。蚂蚁花呗和蚂蚁借呗主要与传统银行的信用卡业务形成竞争，蚂蚁小贷则类比传统银行的小微贷款①。至于腾讯系下的微粒贷，则与蚂蚁借呗类似。

其实面向网上商家的贷款，是传统银行涉足较少的领域。因为阿里旗下的淘宝、天猫、支付宝等平台积累了大量数据，对网商的销售量、客户的消费量等了如指掌，它们在数据分析上有优势。但是，网贷银行对实体经济运作，比如基建项目开发等并不了解，也缺乏数据。互联网银行的客群定位精准，它是对传统银行业的补充。当然，互联网银行可能会冲击传统银行的信用卡业务，这是需要注意的。

不管怎么样，互联网银行开展业务也要受银监会监管，也需要满足资本充足率（“紧箍咒”）的监管要求，这是跳不出的圈子。

尽管到目前为止，我还没有发现另一种生意模式能够颠覆银行，但我们不能掉以轻心，在投资银行股时要保持警惕，跟踪银行的行业发展状况。好在事物的发展并不是一蹴而就的，如果真有那么一天银行变成了夕阳行业，也会给愿意花时间去观察和研究的投资者留出足够的思考时间。

---

① 以上贷款服务的资金来源并不都是银行，也有对接到信托贷款（项目）、小额贷款公司的。

第四章

初解银行资产表

银行财报的可信度高吗？

通过前三章，我们大致知道银行是一门怎样的生意。从本章起我们直奔主题，冲着银行股的财务报表而去。这一路上涉及较多专业知识，包括财务会计知识和银行专业术语。本书把与银行股投资关系不大的内容剔除或简化，以便普通读者可以愉快地阅读下去。

与其他普通企业相比，上市银行的财务报表可信度更高，或者说造假的可能性更低。普通企业的财务报表不能尽信，除了在财报里寻找作假的蛛丝马迹，还得采用实地调研等手段进行佐证。相比之下，对于银行特别是全国性上市银行来说，不管多么详尽的调研结果都无法以点概面，反倒不如财务报表来得直观。从这一点上来说，不具备调研条件的个人投资者可以和机构投资者站在同一条起跑线上。

之所以如此强调上市银行报表的可信度，主要原因有：

（1）中国有大大小小银行四千余家，而A股和港股上市银行加起来也仅二十余家。这些已上市银行是行业中的佼佼者，它们管理制度更为完善、关联交易也受到证监会监管。

（2）中国人民银行、银监会等上级主管单位对国内银行进行监管，紧盯各类资金异动，是银行股投资者的免费管家。银行占据了我国金融体系的大半江山，是金融稳定的基石①。上级主管单位对银行的监管一直很严格，连行长等高管的任职资格都需要银监会批准，更别说在财务报表上作假了。

---

① 由于历史原因，2000年前后我国银行业曾出现一波坏账潮，整体坏账率高达20%，国外媒体称其已经“技术性破产”。此后政企分开，银行经历了“甩包袱”、股份制改革、引进外资等变动，组织架构和管理体系与国际接轨。2003年4月银监会成立，对银行业进行严格监管。

（3）各银行的董事长、行长等高管并不是银行的老板，而只是受雇的职业经理人。许多银行的岗位职级与行政单位对等，如四大行的行长相当于副部级干部（类似副省长）。历史上就有某四大行行长调任证监会主席，后又调任省长。对于银行高管来说，没动力主动去造假——因为造假捞不到什么好处，一旦东窗事发就……

（4）银行的资金往来太多，账目烦琐，牵一发动全身，财务造假所需“技能”太高。银行每天跟钱打交道，其会计结算体系已经被反复锤炼，诸如“ATM 机加钞必须两个工作人员同时在场”等也被加入操作规范当中。

综上所述，银行主动去财务造假的动力不足，其财务报表的可信度高于普通企业。尽管如此，投资者也不能掉以轻心！我们从反面来思考这个问题——正是由于银行业具有行政管理的色彩，在银行业“难过的日子”里，不排除银行利用合理合法的手段[①]对业绩进行“调节”，以时间换空间。请注意区别：财务作假是无中生有，财务调节是“乾坤大挪移”。作为银行股投资者，首先相信银行财报的可信度较高，其次要能看懂银行的财报调节手法。如果两者缺一，我建议投资者要对自己的钱袋子负责，尽量避开银行股。

初解银行资产端

下面我们主要以招商银行 2015 年的年报为例，同时穿插其他银行的报表作为辅助。我们从上证交易所的官网可以下载到招商银行的年报。打开文件后，直接搜索“资产负债表”字样，找到下面一张表（137 页[②]）：

---

① 包括会计手段、绕表及出表手段等。

② 本书中所指财报中的页码，均为 PDF 文件中的页码（输入数字可直达），而非财报内容中右下角标注的页码。

招商银行股份有限公司
合并资产负债表
2015 年 12 月 31 日
（除特别注明外,货币单位均以人民币百万元列示）

资产	附注	2015 年	2014 年
现金		14,381	14,793
贵金属		16,099	15,222
存放中央银行款项	5	569,961	639,992
存放同业和其他金融机构款项	6	63,779	55,986
拆出资金	7	185,693	124,085
买入返售金融资产	8	343,924	344,980
贷款和垫款	9	2,739,444	2,448,754
应收利息	10	24,934	23,560
以公允价值计量且其变动计入当期损益的金融资产	11	59,081	40,190
衍生金融资产	53(g)	10,176	9,315
可供出售金融资产	12	299,559	278,526
长期股权投资	13	2,786	1,484
持有至到期投资	14	353,137	259,434
应收款项类投资	15	716,064	408,752
固定资产	16	30,813	26,504
投资性房地产	17	1,708	1,684
无形资产	18	3,595	3,292
商誉	19	9,954	9,953
递延所得税资产	20	16,020	10,291
其他资产	21	13,870	15,032
资产合计		5,474,978	4,731,829

在年报前半段的文字部分，也会有关于资产负债表的一些概述，但只有少数投资者会阅读到后面的报表细节。前面的文字有点像发言稿，往往报喜不报忧；后面的详细表格才是全貌，许多有用的信息甚至“藏”在附注里。

注意许多银行股的资产负债表有两张，例如招商银行前面一张标注

“合并资产负债表”（某些银行报表标注“本集团”），后面一张标注“资产负债表”（某些银行报表标注“本行”）。前者指的是银行及附属子公司（一些银行有信托、金融租赁、境外银行等子公司），后者指的是银行自己。对于银行股投资者来说，我们重点看“合并的”或“本集团”的就行①，因为我们关注的银行股股票里包含了这些附属子公司的全部或部分股权。后面的利润表和现金流量表，如有类似的标注，也是一样的道理。

所谓资产负债表，顾名思义分作资产和负债两部分。资产就是我们拥有的东西（如你的房子、汽车等），负债是我们欠别人的东西（如你的房贷、车贷等）。如果你往银行里存钱，这笔存款就是你的资产。但对于银行来说，这笔存款是它的负债，因为是它欠了你的，当你拿着银行卡去网点提款时，它得还钱给你。在财报中所有的资产和负债，都是站在银行的角度去思考的。

我们必须知道，资产负债表是一个节点末的“定格照”。比如上表是招商银行2015年年报，指的是2015年12月31日时的资产情况。实际在整个2015年，这些资产的数量都是不断变动的（不一定年末时资产数额最多）。

在上表中每一种资产的右边，时不时还标了一些数字，这是资产的“附注”。这些数字仿佛在说：别走开，稍候更精彩——循着对应的数字去后面找，好戏就在后头。

下面我们一项一项来拆解这些资产项：

一、最高安全等级资产

（a）现金——很好理解，就是钞票。银行为了满足储户的存取款需求，必须持有一部分现金。它们有的在柜台保险箱里，有的在自动取款机

① 有些银行股只提供一张表，如无意外指的就是“合并”过的。

里，有的在押钞车上。虽然电影里经常有打劫银行的场景，但银行持有现金的风险几乎为零。只是需要注意，对银行来说现金这项资产是不产生收益的，银行在满足存取款需求的基础上继续囤大量现金是不划算的。

（b）存放中央银行款项——这项资产比现金更安全，连防火防盗的功夫都省了。银行把钱存放在央行是为了满足监管要求，这跟我们经常在新闻中听到的“存款准备金率”有关①。新闻中常说，某月某日央行宣布下调存款准备金率，这对银行股构成利好②——这是怎么回事呢？其实对银行来说，存在央行的准备金越少越好，原因主要有两点：一是存在央行的越少，自己可以拿去放贷的资金就越多③；二是存放在央行的资金利率比较低，招行 2015 年年报表示只有 1.37%（21 页）。

二、次高安全等级资产

（c）存放同业和其他金融机构款项——也就是存在别家银行、其他金融机构（包括信托、保险、基金、券商、期货、财务公司等）的钱。因为金融机构的信用等级高于普通企业和个人，所以这项资产的安全性高于贷款等资产，出现坏账的情况较少。

（d）拆出资金——也叫拆放同业，跟上一项差不多，也是把钱存放于金融机构，但安全等级更高。拆出资金通常需事先对拆入的金融机构进行

---

① 比如央行规定的存款准备金率是 10%，那么银行每收到 100 元存款，就必须往央行里存 10 元。银行可以多存但不能少存。多存部分叫“超额准备金”。比如某银行存了 13 元，多存的 3 元就是超额准备金。对银行来说，存放在央行的准备金，超额部分可以支取。

② 不能简单认为，下调存款准备金率就一定能提高银行业绩——因为除了“量”以外还有“价”的因素，资金面宽松后银行的贷款利率可能下降，利差可能缩窄。

③ 这里需要稍微了解下“货币乘数”这个概念。在经济活动中，每 1 元的基础货币经银行体系的数次存、贷活动，可以变为数倍于基础货币的派生存款（货币），这个倍数就叫货币乘数。例如张三存进来 100 元，银行上交央行 10 元以后（存款准备金率为 10%），剩下 90 元贷款给李四，李四为购买材料将 90 元付给王二麻子，王二麻子又将 90 元存进银行，银行又将这 90 元中的 10% 存进央行，剩余 81 元继续放贷出去……银行体系中的存款有张三的 100 元，王二麻子的 90 元，以及后面的 81 元、72.9 元……理论上，货币乘数最大值 = 1 ÷ 法定存款准备金率，而实际值则小于这个理论值。

授信，或以票据进行质押（如逆回购），而存放同业则不需要这些。存放同业是自己把钱存在同行那里[①]，拆出资金则是同行到自己这里来借钱。

（e）买入返售金融资产——银行（买入方）与资金需求方（其他银行或金融机构）签订协议，买入对方的资产，同时约定对方在某个时间将这些资产再加价买回去（加价部分等于利息）。整个交易过程相当于借钱给其他金融机构，只是对方必须拿一些资产来当质押品。质押品起到了一定的担保作用。需要注意，银行的买入返售金融资产是可以继续转让给第三方的。

以上的 c、d、e 三项，就是我们通常说的“同业资产”，针对这些资产开展的业务就叫“同业业务”。依照以上名词的理论解释，它们都是银行的安全资产，因为不管这些资金最终流向哪里，都有一层保护垫——借钱的金融机构遭遇损失、濒临倒闭时，银行才会拿不回钱。不过也有不少投资者认为这些同业资产有猫腻，风险较高。比如银行和对手方签订了抽屉协议，这些同业资产其实是银行自己为了绕开监管而发放的变相贷款、过桥贷款、非标资产[②]等。借钱的金融机构只是提供了一条通道，帮助银行绕开监管而已，并不承担风险。

很多人问我怎么看，到底风险高不高？首先，从银行报表披露的逾期、减值准备等情况来看[③]，我倾向于相信同业资产是安全性较高的资产。但必须注意，如果发生金融体系的系统性风险，比如众多同行的金融机构遭遇流动性风险（如挤兑）或濒临倒闭，那么这些资产也是可能遭遇损失的。其次，既然说是抽屉协议——都藏在抽屉里了，我也不是神仙，没有透视眼呀，所以无法置评！

---

① 通常是银行为满足流动性（兑付）需要的短期资金，因为存在同行那里利率高于央行，所以在满足法定存款准备金率的基础上，还是存在同行划算，不存白不存。

② 即非标准化债权资产，指未在银行间市场及证券交易所市场交易的债权性资产。

③ 后面的章节还会单独提到资产质量问题。

三、较低安全等级资产

（f）贷款和垫款——贷款不用怎么解释，这里补充一下垫款，它是指银行因某些业务而为企业垫付的款项，如信用证、承兑汇票等。对于投资者来说不用搞那么复杂，统一把“贷款和垫款”理解为“贷款”就行。需要注意，资产负债表中的贷款和垫款指的是净额——即真实贷款和垫款总额，减去贷款减值准备后的净额。换言之，贷款减值准备对应了一部分贷款，但它们不计入总资产，也不计入净资产，这个在后面的章节还将提到。

贷款的安全性相对较低，主要的不良资产也是从这里发酵而来。不过贷款的利率也高于前面几种资产。如果由不良贷款产生的损失比例低于一定数值，这些损失就可以通过贷款的高利率来弥补。只要银行不做傻事，它们会在贷款利率中考虑足够多的风险补偿。

四、较为复杂的资产项

（g）应收利息——指应该挂在账上，但还没有实际收到的利息。这里要提一下会计制度中的“权责发生制”。权责发生制指权利或责任（义务）发生以后，就开始记账了，不需要等款项真实到位。比如1月1日贷款1个亿出去，利息600万元，约定年底一次收息。那么在年中的时候，虽然银行还没收到一毛钱利息，但是分摊到半年时间，应该有300万元的应收利息。虽然这些应收利息还没到银行口袋里来，但它跟已收到的利息①一样被挂在资产表上，同时也会在营业收入②中有所表现（利润表）。

应收利息在招行财报附注中（211页），有详细数据。从附注我们可以看到，应收利息包含债券投资、贷款和垫款、其他等类别。这些应收利息

① 收到手的利息已经转化为其他资产，如库存现金或新的贷款等。
② 银行以净利息作为营业收入。

的安全等级，与对应的资产相同。比如债券投资的应收利息，安全等级与这些债券相同。

（h）衍生金融资产——详见第351页的附注，包括了利率、货币衍生工具等。与国外不同，我国银行业的衍生产品很少（监管严厉），这些衍生金融资产主要是为了满足外汇等某些中间业务的需要，数额也不大，投资者可以不去细究。感兴趣的读者可在招行的报表中搜索“衍生金融资产”。

（i）主要为债券的几大项资产。银行是可以投资债券的，但你也许要奇怪，在这张资产表中压根找不到“债券”的影子！别急，债券被归入到“以公允价值计量且其变动计入当期损益的金融资产”（212页）、“可供出售金融资产”（214页）、“持有至到期投资”（229页）、“应收款项类投资”（232页）这四项资产[①]当中了。看看前面这些名称，是不是头都大了？不用急，反正债券都熬在这四口锅里，不管怎么煮，其本质都是原汁原味的债券。

债券被放入了以上几种不同的资产当中，由于会计制度的原因，在利润确认等方面会有不同。归根结底，这无非是利润或损失何时确认的问题，即使变更资产归属，也只能做到时间轴上的调节，该来的总会来。有一年年末债券价格大跌，某家股份行就使出了“乾坤大挪移”，变更了一部分债券的资产归属，成功保住了核心资本充足率指标（在悬崖边上，没跌破监管指标）。我们暂不急，这些问题在后面的利润表中继续探讨。

（j）应收款项类投资。总体来说，这里面主要是非标债权。自从银监会发布《关于规范金融机构同业业务的通知》（银发〔2014〕127号）之后，规定“买入返售金融资产”中的项目只能是标准化债权[②]。所以近两年来，许多银行的“买入返售金融资产”项目开始减少，而“应收款项类

① 这四个大块头，绝大部分是债权资产，当然也不排除少量的股权资产。

② 即在交易所或银行间债券市场交易的债权。

投资”则逐步增加。

这些非标债权包括：保险、券商或基金公司的资产管理计划，非上市债券，信托受益权，其他银行发行的理财产品等。详情可参见2015年招行年报232页。

五、其他资产项目

（k）贵金属——银行库存了一些金、银、铂等贵金属。这项资产在总资产中只占很小比例，多数情况下均可以忽略。为何要配备贵金属，银行也炒黄金吗？非也！这项贵金属的资产，主要是银行在网点销售投资金条等产品，或者银行开展纸黄金、纸白银等业务时自行配置的仓位。商业银行配置贵金属，主要是以赚取手续费收入为主。

（l）长期股权投资——主要包括旗下的子公司、合营公司、联营公司（从前往后，股权占比或影响力递减）。参考最新2015年10月1日版的《银行法》第四十三条：“商业银行在中华人民共和国境内不得从事信托投资和证券经营业务，不得向非自用不动产投资或者向非银行金融机构和企业投资，但国家另有规定的除外。”简言之，一般情况下，商业银行只能控股或参股其他商业银行。不过凡事都有例外，例外就是最后一句“但国家另有规定的除外”。我们看到，招商银行旗下除了中国香港的永隆银行，还有保险公司、基金公司、金融租赁公司、消费金融公司等[①]（172、220页），这些都是经上级主管单位特批的。银行资产表上的长期股权投资，大多是金融企业。当然也可能有一些其他行业的股权，特别是1995年版《银行法》出台之前就已经持有的股权。

总而言之，目前银行要主动新增对非银行金融机构的股权投资，需要上级主管单位特批（甚至须上报国务院）。而银行很少主动新增对国内普

① 建设银行、兴业银行等还持有信托公司股权。目前银行的子公司中唯缺券商类金融机构（不排除存在代持的情况）。

通企业（非金融）的股权投资（不过总有例外）[1]。但是银行有时会被动持有普通企业的股权，主要由于贷款企业还不起钱了，只能拿它手中持有的其他公司股权抵债。这样的抵债资产通常被记录在“其他资产—抵债资产”或“可供出售金融资产”等资产项下，而且规定银行必须在两年之内进行处置（卖掉）。

关于抵债资产处置较为著名的案例：民生银行于2004年和2005年通过司法裁定分别受让借款方抵债的海通证券股权3.87亿股和1.62亿股，合计5.49亿股，初始入账价值分别为3.87亿元和1.62亿元，合计5.49亿元。该项资产挂在“可供出售金融资产—股权投资”项下。后来海通证券在上海证券交易所上市，价值飙升。民生银行曾两次将其拍卖[2]，但由于金额较大都流拍了。最后民生银行于2009年在二级市场减持所持海通证券股权，减持均价14.33元，处置总金额54.58亿元，税前收益超49亿元。

（m）固定资产——这一项也很好理解，与非银行企业相同。主要包括银行自有的土地及自用型房地产（办公大楼、网点等）、电子设备、车辆等（233页）。由于合并报表把子公司也纳进来了，所以这里还有金融租赁子公司的一些资产（飞机、船舶等）。大多数银行的资产表中没有单列“在建工程”（就是还没建设完毕的固定资产），而是并入到“固定资产”项中。

（n）投资性房地产——按理说，银行购买的房地产只能拿来自用，不能用作投资（包括对外租赁或以增值为目的持有）。这与银行不能进行非银行的股权投资相同，出自《银行法》第四十三条。之所以这样规定，主

① 中信银行就持有港股的中国联通（00762HK，香港注册成立的公司）、中国能源建设（03996HK，国内注册成立的公司），以及美股的VISA等，挂在“可供出售金融资产”项下，见中信银行2015年年报，第88页。中国能源建设2015年底在港股IPO，引入中信银行作为基石投资者。

② 当时已经超出两年时限。

要是防止银行去炒房炒股，进而催生资产泡沫。但实际情况是，许多银行的报表中都有“投资性房地产”这个项目，如招商银行、中信银行等[①]。造成这种现象的主要原因是，银行旗下还有保险、金融租赁等子公司，这些公司可以配置投资性房地产。在报表合并的过程中，被纳入进来。例如中信银行的报表中解释道：“本集团的投资性房地产为子公司持有的主要坐落于香港的房产与建筑物，并以经营租赁的形式租给第三方。”（中信银行 2015 年年报，第 268 页）。

（o）无形资产——主要包括土地使用权、软件等。也有将土地使用权单列的，如建行。

（p）商誉——会计上的商誉并不是“商业名誉”，而是收购其他公司时付出的溢价。比如银行要收购某个净资产 10 亿元的公司，在收购节点对该家公司进行资产盘点，发现其部分资产已经升值到 15 亿元，最终银行花费 18 亿元买下来，这里溢价的 3 亿元就计入商誉。国内的会计准则，商誉挂账后不用逐年摊销，只有在确认被溢价收购的公司遭遇贬值后（买完后发现世道变了，不值那么多钱），才进行减值处理。因为商誉是收购时产生的溢价，并不对应实实在在的资产，所以许多保守的投资者喜欢把商誉从净资产中剔除[②]，再来考察投资标的。招商银行在 2008 年收购永隆银行，截至 2015 年底还有 95. 98 亿元的商誉净值（241 页）。

（q）递延所得税资产——企业有一套财务报表，但企业可以通过调整报表，以达到晚交税、少交税的目的，所以税务局并不完全认可，它会按照自己的办法稽核和收取税款。凡是企业认为交税的权责还没发生，但实际已经把税款交给了税务局的钱，就记在这里。银行股投资者如果觉得不好理解，那么这个资产项可以忽略。

（r）其他资产——凡是前面没列举到的资产项，都可以列在这里

① 也有不含“投资性房地产”的，例如民生银行、建设银行等。

② 商誉是核心资本的剔除项，这一点在后面的章节还将提到。

（246 页）。我们来看看招商银行的“其他资产”：

21 其他资产

	本集团		本行	
	2015 年	2014 年	2015 年	2014 年
待清算款项	4,919	3,883	4,718	3,690
待处理抵债资产（附注 21(a)）	691	455	691	455
预付租赁费	1,091	913	1,074	897
长期待摊费用（附注 21(b)）	1,066	994	1,033	972
押金及保证金	463	926	193	253
装修、工程及资产购置预付款	158	325	30	79
应收保费	129	135	—	—
应收分保费	229	225	—	—
设定受益计划（附注 30(b)）	27	70	—	—
其他	5,097	7,106	2,645	3,007
合计	13,870	15,032	10,384	9,353

这里只讲需要注意的几个：首先是“待处理抵债资产”，这个项目顾名思义不用多解释。只不过需要注意，有时一些抵债资产被划入到“可供出售金融资产”等其他资产项目下了。其次是“长期待摊费用”“装修、工程及资产购置预付款”等，这些项目以后会变成开销（成本），只是暂时挂在资产上。这些费用型的资产如果过多，则后期摊销时会减弱银行的盈利能力①。招行报表此处的“预付租赁费”主要由金融租赁子公司产生；“应收保费”“应收分保费”主要由保险子公司产生；“设定受益计划”主要由子公司永隆银行产生，为其退休员工福利。

① 2013 年，一些银行大力开展社区银行业务，这些银行的长期待摊费用就明显高出同行。

不可忽略的表外项目

有些东西虽然所有权不属于银行，但它同样可能给银行带来风险（损失），在这一点上它与银行的资产是相似的。因为这些东西并不体现在资产表上，所以许多投资者叫它“表外资产”。不过在银行的财报中往往不使用“资产”这个字眼。比如招商银行称之为“信贷承诺”① 或“信贷承担”；中信银行、民生银行等则称之为“表外项目”② “表外信用承诺”等；此外还有“表外风险敞口”等其他表述。在财报中搜索“表外”“杠杆率”等关键词，可以找到与之相关的内容。

如 2015 年招商银行年报（164 页），如下所示：

(a)信贷承诺（续）

	本集团		本行	
	2015 年	2014 年	2015 年	2014 年
合同金额：				
不可撤销的保函	235,692	249,322	236,077	248,650
不可撤销的信用证	188,469	279,857	187,867	279,495
承兑汇票	363,035	399,489	362,921	399,402
不可撤销的贷款承诺				
－原到期日为 1 年以内（含）	5,979	4,062	1,479	1,560
－原到期日为 1 年以上	33,029	23,694	23,872	18,841
信用卡信用额度	338,012	266,094	330,119	258,459
其他	5,884	2,610	5,884	3,132
	1,170,100	1,225,128	1,148,219	1,209,539

由上表可以看出，这些表外项目主要是一些不可撤销保函、不可撤销

① 招商银行 2015 年年报，第 300 页。

② 中信银行 2015 年年报，第 42 页，中信银行 2015 年年报，第 29 页。

信用证、承兑汇票、不可撤销贷款承诺、信用卡未使用额度[①]（中信银行称为“信用卡承担”）等。此外，还有一些金融租赁子公司的租入或租出承诺等。

以前银行发行了许多保本型理财产品，后来行业监管趋严[②]，要求理财产品只要保本就必须入表。目前最新的相关管理办法，参见《商业银行并表管理与监管指引》（银监发〔2014〕54 号）。

表外项目给银行带来的营业收入，绝大多数属于中间业务收入。表外项目通过信用转换系数，转换后与表内资产一样消耗资本金（拉低资本充足率）。**许多投资者认为中间业务不消耗资本金，这是不准确的。**相关问题将在第六章中继续探讨。

资产端的奥秘

到这里，我们已经基本了解银行资产表中各个项目的含义。实际上，银行的经营过程就是配置资产负债表的过程，而其中资产的配置更为重要。

银行一只手配置资产，资产带来利息收入；另一只手配置负债，负债需要利息支出。负债不存在质量好坏的问题，银行欠下的负债总是要还的，所以负债的关键点在于其成本（利率）；但对于资产来说，除了利率这个要素外，各项资产的风险程度究竟如何，最终会产生多少损失？通常情况下，利率高的资产风险高，利率低的资产赚头少，银行该怎样取舍？

---

① 已使用的信用卡额度，挂在资产表中的“贷款和垫款”里。

② 大约是 2013 年左右入表，资产端挂在“应收款项类投资”项下，负债端挂在“其他负债”项下。因为入表后要消耗银行的资本金，对银行来说不划算，所以此类型的理财产品已经退出市场或改走其他渠道。

说到底，这就是资产配置中的合理定价问题，而其关键之处就在于银行对风险度的把握。资产风险的暴露有时会迟到好几年，以至于不管是银行自己，还是银行股投资者，都不易把握。当然，银行资产配置中还面临其他问题，如流动性管理、对市场利率走势的判断等，但这些都不是最关键的问题。银行在流动性上遇到麻烦，会有央行或其他大行提供支持；对市场利率走势判断错误，也只会在利率重定价时受到短期影响（这一影响在利率重定价的过程中逐步减弱）。可是，一旦银行对资产风险把握不当，特别是在经济过热时期过于乐观，就容易遭遇致命一击。

银行的资产绝大部分属于债权性资产，抛开那些七七八八的杂项，大头只有三大块：贷款、债券、同业资产。首先，投资者需要在各银行之间进行横向对比，比如各家银行各种资产的比重，甚至贷款中分行业贷款的比重——通过这些比较你会发现，有重点配同业资产的银行，有侧重债券的银行；而贷款中也有对重工业占比较多的，或者重视发展零售贷款的。其次，投资者还需要针对具体某只银行股，在时间维度上进行纵向比较，一是总资产增长速度，二是各类资产比重的变化，由此可以看出银行经营策略的变化。

像这些细节性的比较，我们在后面的章节还将提到。下一章解读负债和所有者权益表——在认识了资产表以后，这些内容就显得简单了许多。

第五章

初解银行负债及股东权益表

初解银行负债表

我们依然以招商银行2015年年报为例，来了解银行的负债表。同样，重点关注合并的负债表（或“本集团”），我们搜索招行2015年年报第138页可以看到下表：

招商银行股份有限公司
合并资产负债表（续）
2015年12月31日
（除特别注明外，货币单位均以人民币百万元列示）

负债	附注	2015年	2014年
向中央银行借款		62,600	20,000
同业和其他金融机构存放款项	23	711,561	697,448
拆入资金	24	178,771	94,603
卖出回购金融资产款	25	185,652	66,988
客户存款	26	3,571,698	3,304,438
应付利息	27	39,073	45,349
以公允价值计量且其变动计入当期损益的金融负债	28	20,227	13,369
衍生金融负债	53(g)	7,575	10,246
应付债券	29	251,507	106,155
应付职工薪酬	30(a)	6,524	6,068
应交税费	31	12,820	11,656
递延所得税负债	20	867	771
其他负债	32	64,345	39,678
负债合计		5,113,220	4,416,769

如上表所示，负债是银行欠别人的债，许多负债项目与资产项目的含义是对应的。负债不存在质量安全问题，不管欠了谁的钱都是要还的，所以不用进行安全性分类。它的主要属性有两点：一是成本高低（利率），

二是负债期限的长短。

（a）向中央银行借款——按字面意思理解即可。也许你要奇怪，招行明明在央行存了5699亿元，为何还要向央行借626亿元？直接从存的那5699亿元里取一点出来不就行了吗？我们来看看财报第191页的表：

5　存放中央银行款项

	本集团		本行	
	2015年	2014年	2015年	2014年
法定存款准备金（注1）	464,686	503,089	463,677	501,339
超额存款准备金（注2）	103,803	135,145	78,079	127,564
缴存中央银行财政性存款	1,472	1,758	1,472	1,758
	569,961	639,992	543,228	630,661

注1：法定存款准备金为按规定向中国人民银行以及境外中央银行缴存的存款准备金，此存款不可用于日常业务。于二零一五年十二月三十一日，本行按照中国人民银行规定的人民币存款及外币存款的缴存比率分别为15.0%及5.0%（二零一四年：人民币存款17.5%及外币存款5.0%）。存款范围包括机关团体存款、财政预算外存款、零售存款、企业存款及委托业务负债项目轧减资产项目后的贷方余额。

注2：超额存款准备金为存放于中国人民银行以及境外中央银行用于资金清算的款项。

存放央行的款项中，仍有1038亿元的超额存款准备金①。但后面有注解，这些资金主要是用于资金清算的款项（比如客户的跨行汇款之类），不能随意支取。

其实这里的“向中央银行借款”，它并不一定是银行缺钱，此处央行的主动性更高。它相当于央行发放的高能货币，主要是调节金融货币市场的短期流动性。此部分知识，银行股投资者稍微了解下就行。

（b）“同业和其他金融机构存放款项”“拆入资金”“卖出回购金融资产款”，这三项通常被投资者称作“同业负债”，它们分别与资产表中的“存放同业和其他金融机构款项”“拆出资金”“买入返售金融资产”对

① 目前我国对不同银行实行差别化的法定款准存备金率，其中四大国有银行的存款准备金率较高，而支持农业贷款、小微贷款的银行则较低，如2015年末，招行这里是15%，建行则为17%。具体情况可在报表中搜索“存款准备金率”。

应。同业负债与存款相比，其主要优点是可以快速大幅地增长，且耗费的业务及管理费较少；缺点则是利率成本较高——既然这些同业金融机构愿意将钱借出，那么在利率条件上它们已经考虑过自身所耗费的业务及管理费。

资产表中是自己把钱借给同行，负债表中是自己从同行那里借钱过来。通过配置同业资产和负债而开展的业务俗称“同业业务”。同业业务的本意是金融机构[①]间的相互借贷，它提高了金融机构的流动性和资金使用效率。如某银行短期资金宽裕，存央行利率太低，配置贷款或债券的话期限又太长，这时就可以把钱借给同行以减少闲置资金；而对于资金需求方来说，也是同样的道理。慢慢地，一部分银行发现，只要同业资产比同业负债的利率高，一样可以像存贷款那样赚取利差[②]，因而它们开始主动配置同业负债去支撑同业资产。

要赚取同业利差有几种可能的途径，一是配置风险略高的同业资产[③]（利率更高），以便拉开利差；二是同业资产与负债匹配时“借短配长”[④]，这种方法在利率下行周期特别管用，因为借短配长时负债端的重定价速度快于资产端（负债端比资产端利率下降更快）；三是许多小型金融机构因为业务需要，常常囤积了一些结算资金在大银行，这些结算资金（同业负债）的利率较低。

不管这些资金在银行体系内如何倒腾，整个银行业的蛋糕不会变大。这些同业业务最终端必须连接到实体经济中去，只有实体企业赚到钱才能支撑银行的利息。需要注意，并非所有银行都能做好同业业务，许多银行的同业资产和负债是利率倒挂的（赔钱的）。

---

① 包括非银行金融机构。

② 国内银行的同业业务大约从 2007 年开始迅猛发展。

③ 也有用同业负债去匹配债券资产的。

④ 比如借入 1 个月的同业负债，配置 3 个月的同业资产。在风险相近的情况下，期限越长则利率越高。

（c）客户存款——这一项也无须多说。存款是银行最重要的负债之一，过去许多银行曾有“存款立行”的思路。理由很简单，要先有钱存进来，才能有钱贷出去！先把存款规模做大，银行自然就发展壮大了。后来也有一些银行将重点放在资产端，一是资产端可以派生存款，比如某企业在银行贷款，这些贷款不会立即全部用掉，一些富余资金仍会存在银行，除此之外还能拉来一些业务往来存款，包括员工工资等存款；二是当存贷款之外的其他资产负债品种发展起来后，银行业务不局限于存贷款。许多时候都是先找到合适的资产，再去找匹配的负债（特别是同业负债）。

以上两种战略思路其实就是：到底是资产拉动负债，还是负债拉动资产？有一段时期，国内经济高速发展，企业贷款需求旺盛，但存款的利率并没有放开①，所以银行的重点工作就是拉存款，这样才能满足贷款需求。后来随着同业业务的发展，一些银行更重视资产端的拉动作用。因为同业利率已经完全市场化，只要你有合适的资产，总能找到匹配的负债。

（d）应付利息——结合应收利息去理解就行了，它是暂时未付给客户的利息。

（e）以公允价值计量且其变动计入当期损益的金融负债——也许你要奇怪，资产价格会变动所以才有公允价值，为何这里的负债也会变化，难不成欠下的负债还能少还？其实很好理解，主要是因为这些负债短期内可以赎回，且在资本市场上有报价。比如某企业的债券100元/张，并且约定企业可以随时赎回该债券。那么当该债券在市场上以90元/张交易时，企业负债的公允价值就是90元/张。此处（招商银行）主要是一些纸贵金属、存款证等，详情见财报第256页。

（f）衍生金融负债——结合衍生金融资产理解。

（g）应付债券——银行发行的债券，如下表，详见财报第257页。

---

① 当时的存款不能超过基准利率，银行无法通过高利率去吸引存款。

29　应付债券

	附注	本集团		本行	
		2015 年	2014 年	2015 年	2014 年
已发行次级定期债券	(a)	32,519	32,396	29,970	29,966
已发行长期债券	(b)	27,995	27,636	20,990	20,982
已发行同业存单		176,245	24,832	176,245	24,832
已发行存款证		14,748	21,291	8,649	8,779
		251,507	106,155	235,854	84,559

其中银行发行的次级定期债券，属于资本充足率监管中的二级资本，在后面的章节还将详述。此外，注意同业存单被计入到“应付债券”科目下了。

(h) 应付职工薪酬、应交税费——结合上一章讲的“权责发生制”的会计制度，按字面意思理解即可。

(i) 递延所得税负债——与递延所得税资产的概念对应，即按照自己账目核算缴税权责已经发生，但税务局还没来收的税款。有的银行将递延所得税资产和负债分别列出（如招商银行、中信银行）；也有的银行则只将两者相抵后的净额列在递延所得税资产中（如兴业银行），而负债表中则找不到“递延所得税负债”。

(j) 其他负债——都是些杂项，如下表（财报第 276 页），多数情况下可以忽略。

32　其他负债

	本集团		本行	
	2015 年	2014 年	2015 年	2014 年
结算及清算账户	12,294	7,001	12,294	7,001
薪酬风险准备金	8,000	3,700	8,000	3,700
保险负债	1,866	1,709	—	—
代收代付	1,295	1,369	1,295	1,369
退票及退汇	15	116	15	116
其他应付款	40,875	25,783	31,837	15,657
	64,345	39,678	53,441	27,843

初解银行股东权益表

前面我们提到，资产是自己拥有的东西，负债是欠了别人的东西。那么资产减去负债，就是自己“净拥有”的——财务报表上叫“股东权益”，也可以理解为上市公司的净资产。

股东权益的定义，就是由资产减去负债得来的，即：

资产 - 负债 = 股东权益

用我们小学学过的知识，把公式挪一下，得出：

资产 = 负债 + 股东权益

也就是说，银行每次配置一笔资产，都会有一笔相应的负债或股东权益出现，且它们的金额是相等的。因为银行高杠杆的特点，它的资产和负债都远远大于股东权益——所以我们主要是看银行资产端与负债端的匹配，至于资产和股东权益的匹配问题就不用细究。在看待资产配对问题时，我们把股东权益看作不用付息的存款即可。

股东权益表也是资产负债表的一部分。但为何不叫“资产负债股东权益表”呢？或许因为这个名词太长了，读起来不顺口。资产负债表在英文中称“balance sheet”，直译就是“平衡表”。

照例搜索招商银行2015年年报第139页，如下表：

招商银行股份有限公司
合并资产负债表（续）
2015年12月31日
（除特别注明外，货币单位均以人民币百万元列示）

股东权益	附注	2015年	2014年
股本	33	25,220	25,220
资本公积	34	67,523	67,523

续表

股东权益	附注	2015 年	2014 年
其他综合收益	35	6,086	430
盈余公积	36	34,009	28,690
法定一般准备	37	64,679	53,979
未分配利润	38(c)	163,289	138,562
其中:建议分配利润	38(b)	17,402	16,897
归属于本行股东权益合计		360,806	314,404
少数股东权益	58	952	656
股东权益合计		361,758	315,060
股东权益及负债总计		5,474,978	4,731,829

（k）股本——即上市公司发行股份的数量。对于目前上市的 16 家 A 股银行来说，股票的面值都是 1 元。这里招行的股本是 252.2 亿元，等同于有 252.2 亿股。许多投资者喜欢在财经网站或软件里查看每股收益、每股净资产、市盈率等数据。但这种查阅方法只适合初筛股票，记住买入股票前还要再手动算一次[①]。比较常用的计算[②]有

每股收益 = 归属于本行股东的净利润[③] ÷ 股本

每股净资产 = 归属于本行股东权益合计 ÷ 股本

有时以上两个公式计算出来的结果，跟财务报表中列示的结果不一致。这是为什么？主要原因是在报表期间，出现了增发、配股，以及转增股本、分红股等情形。报表列示的每股收益、每股净资产等数据，股本数是采用加权方法计算的，这会使实际数据失真。而以上两个公式的计算所得数据，为股权摊薄后的结果。如果遇到年初与年末股本数不相等时，记得把财务数据摘出来手动算一次。

① 许多财经网站或炒股软件的数据是计算机自动抓取，所以经常出现错误。比如发行了优先股的银行，许多投资数据常常是错误的。

② 此处招行没有优先股。如有优先股还须略作调整，详情见后文。

③ 即第 144 页利润表中的“归属于本行股东的净利润”。注意计算每股收益不应包含“少数股东的净利润”，这些净利润不属于上市公司股东。

（l）资本公积——主要由接受捐赠、溢价发行股本以及法定财产重估增值等原因造成。这里招行的资本公积主要指溢价发行股本（277 页）。

我们来看中信银行2015 年年报，第285 页：

（1）2015 年 12 月 31 日，本行以 5.55 元/股的价格向中国烟草总公司非公开发行 2,147,469,539 股股票，募集资金扣除承销保荐等发行费用后净收入为 118.88 亿元。本行总股本增加人民币 21.48 亿元，股本溢价为人民币 97.40 亿元。发行完成后，中国烟草总公司持有本行 4.39% 的股权。经毕马威华振会计师事务所（特殊普通合伙）于 2015 年 12 月 31 日出具了毕马威华振验字第 1501428 号资金验证报告。

37 资本公积

	注释	本集团		本行	
		2015 年 12 月 31 日	2014 年 12 月 31 日	2015 年 12 月 31 日	2014 年 12 月 31 日
股本溢价	36(1)	58,555	49,214	61,359	51,619
其他资本公积	(1)	81	82	—	—
合计		58,636	49,296	61,359	51,619

很显然，这里的溢价发行股本相对的是“1 元的面值”，溢价不是相对每股净资产溢价。上例中，中信银行按 5.55 元发行新股，其中 1 元计入了股本，另外约[①] 4.55 元则计入了资本公积。

资本公积主要在上市公司“10 转增 2”之类的拆股游戏中体现作用，转增股本与送红股的区别就是前者不用交红利税[②]，其他可不作了解。

（m）其他综合收益——银行的这个项目，主要来源于债券投资，其次是少量的外汇等业务。还记得我们前面提到了“以公允价值计量且其变动计入当期损益的金融资产”“可供出售金融资产”“持有至到期投资”这三个复杂的会计名词吗？银行报表中的债券被分别划入这些会计科目，不

① 之所以“约”，是因为还要扣除发行费用。

② 目前实行差别化红利税制度，持有 1 个月内卖出则收 20% 红利税（刚好持有期间分红了，后同），1 个月至 1 年收 10%，一年以上免收。送红股分别按面值 1 元的 20%、10%、0% 收取，转增股本则不收红利税。

同的会计科目处理方法不同。比如债券价格普遍上涨，划入某些会计科目的债券就会贡献当期利润，而另一些会计科目的则暂时先挂在“其他综合收益”——等以后算总账才挪到利润中去。这些复杂的会计处理，在后面讲利润表时还会提及。银行股投资者并不需要把它们搞得一清二楚，记住有一些浮盈或浮亏暂时“藏”在“其他综合收益”这里就行（只是暂时保存一下，以后还是会变成利润或亏损）。

了解：以前有些银行的报表（主要是2013年及以前），股东权益表中没有“其他综合收益”这个科目，对应的数据被划入到“资本公积”当中了。

（n）盈余公积、一般法定准备[①]——《公司法》第167条规定须从净利润中提取10%作为盈余公积，盈余公积累计额为公司注册资本（就是上面的“股本”科目）的百分之五十以上的，可以不再提取（要提也不拦着你）。至于一般法定准备，指的是为增强金融企业风险抵御能力而设定的准备金。2012年财政部发布的《金融企业准备金计提管理办法》（财金〔2012〕20号）规定如下：

金融企业应当根据自身实际情况，选择内部模型法或标准法对风险资产所面临的风险状况定量分析，确定潜在风险估计值。对于潜在风险估计值高于资产减值准备的差额，计提一般准备。当潜在风险估计值低于资产减值准备时，可不计提一般准备。一般准备余额原则上不得低于风险资产期末余额的1.5%。

上面这段话是不是让你云里雾里的？不要紧，这里的知识不用懂太多。所谓的盈余公积、一般法定准备都可以不用理睬。只需知道它们的作用主要是限制分红，意思是银行你赚了那么多钱不能全部分红，得提取一部分留着扩大经营规模（盈余公积），防范以后的金融风险（一般法定准

① 或称“一般准备”“一般风险准备”“法定一般准备”等。

备）！不过不用担心，因为不管被划到哪个科目，它都是属于股东的净资产，一分钱也不会少。其实说到底，限制银行分红的框框最终还是核心资本充足率，这些内容在下一章中继续讨论。

（o）未分配利润——顾名思义就是还没分配给股东的利润，它也是银行净资产的一部分。下面一行的“建议分配利润”指的是本年度分红的金额（将要分，但还没分）。就像你看到的，银行报表上还有大把未分配利润，分红的限制条件其实不是前面的盈余公积、一般法定准备等。

（p）归属于本行股东权益合计——前面说的这些项，不管是股本还是公积什么的，其实共同构成了上市公司的净资产（股东所有）。只是会计做账时，把净资产分到了不同的科目[①]。在银行财务报表上，还有一张合并股东权益变动表，就是讲净资产被怎么分派到各个会计科目的（156页）。我们主要关注该表中的“其他综合收益”，其他都可以忽略。

（q）少数股东权益——前面我们提到了，我们重点看的是合并的报表，因为它把上市公司旗下的子公司[②]也合并进来了。然而，这些子公司并不一定为上市公司股东完全所有，如某子公司 A，上市公司控股 80%，还有 20% 被其他公司（如生产挖掘机的）或个人持有，那么这 20% 就是“少数股东权益”。以上那些资产表、负债表中所有的会计科目，都是先把 A 这家子公司的资产和负债 100% 算进来。然后不属于上市公司股东的那部分，在股东权益表的“少数股东权益”这里标识给你看看[③]。同样的道理，利润表中的营业收入、净利润等科目也是把子公司 A 的情况 100% 纳入进来，在报表末尾再列示一项“归属于少数股东的净利润”。

以上这种会计处理方法，即称为“合并报表”。另外，对于未并表的参股企业，有权益法和成本法两种会计处理方法。对应的资产挂在资产表

---

① 投资懂点财务知识即可，不需知道会计做账的详细流程。

② 如果银行对联营公司、合营公司拥有实质控制权，也可以把它们合并进来。

③ 就像工资条最后面的个人所得税，不归你所有。

的“长期股权投资”中，它们贡献的利润则算在利润表的“投资收益”中。

（r）优先股——截至2015年年报节点，招行还没有发行优先股。我们打开浦发银行2015年年报第80页，如下表：

	附　注	浦发银行集团		浦发银行	
		2015年12月31日	2014年12月31日	2015年12月31日	2014年12月31日
股东权益					
股本	四、28	18,653	18,653	18,653	18,653
其他权益工具	四、29	29,920	14,960	29,920	14,960
其中：优先股		29,920	14,960	29,920	14,960
资本公积	四、30	60,639	60,639	60,589	60,589
其他综合收益	四、31	5,713	1,255	5,701	1,255
盈余公积	四、32	63,651	49,647	63,651	49,647
一般风险准备	四、33	45,924	36,858	45,600	36,700
未分配利润	四、34	90,670	78,157	89,648	77,446
归属于母公司股东权益合计		315,170	260,169	313,762	259,250
少数股东权益	四、35	3,430	3,116	—	—
股东权益合计		318,600	263,285	313,762	259,250
负债及股东权益合计		5,044,352	4,195,924	4,984,518	4,144,919

已发行优先股的银行，有两类股东：普通股股东和优先股股东。目前为止，普通散户还没办法买到银行的优先股，像我们买了银行股股票的，属于普通股股东。注意这里的“归属于母公司股东权益合计”会计科目，是包括了普通股和优先股的。我们作为普通股的买家，要把优先股剔除出去再计算。这里浦发银行的每股收益、每股净资产（摊薄后）计算方法略有不同：

每股收益＝归属于母公司普通股股东的当年净利润①÷股本＝

49704÷18653＝2.66（元）

---

① 浦发银行2015年年报第153页，有单列归属于普通股股东的净利润。

每股净资产 =（归属于母公司股东权益合计 - 其他权益工具优先股）÷股本 =（315170 - 29920）÷ 18653 = 15. 29（元）

关于优先股的一些问题，在后面的章节中我们还将继续研讨。

股东权益变动表

股东权益表还有一个相当于附件的表格，叫“股东权益变动表”，它记录了上市银行在这一年中的股东权益变动情况，如提取了多少盈余公积、一般风险准备，剩多少未分配利润等。招行这张表在 2015 年年报第 156 页。

大多数情况下，这张表不需要特别关注。如果上市银行发行新股或对少数股东权益进行收购（提高子公司持股比例），那么可以稍微阅读一下这张表。我们看看中信银行 2015 年年报第 199 页：

中信银行股份有限公司
合并股东权益变动表
2015 年度
（除特别注明外，金额单位为人民币百万元）

	附注	归属于本行股东的权益						少数股东权益		
		股本	资本公积	其他综合收益	盈余公积	一般风险准备	未分配利润	普通股股东	其他权益工具持有者	股东权益合计
2015 年 1 月 1 日		46,787	49,296	(1,833)	19,394	50,447	95,586	5,844	1,825	267,346
本年增减变动金额										
(一)净利润		—	—	—	—	—	41,158	445	137	41,740
(二)其他综合收益	38	—	—	5,417	—	—	—	227	—	5,644
综合收益总额		—	—	5,417	—	—	41,158	672	137	47,384
(三)收购子公司少数股东股权		—	(400)	—	—	—	—	(6,395)	—	(6,795)
(四)普通股股东投入资本	36,37	2,148	9,740	—	—	—	—	—	—	11,888

续表

	附注	归属于本行股东的权益						少数股东权益		
		股本	资本公积	其他综合收益	盈余公积	一般风险准备	未分配利润	普通股股东	其他权益工具持有者	股东权益合计
（五）利润分配										
1. 提取盈余公积	39	—	—	—	3,968	—	(3,968)	—	—	—
2. 提取一般风险准备	40	—	—	—	—	14,108	(14,108)	—	—	—
3. 对其他权益工具持有者的利润分配	41	—	—	—	—	—	—	—	(137)	(137)
2015年12月31日		48,935	58,636	3,584	23,362	64,555	118,668	121	1,825	319,686

上表中第（三）项“收购子公司少数股东股权”，对应减少资本公积4亿元，减少少数股东权益63.95亿元，主要是收购西班牙对外银行（BBVA）持有的中信国金29.68%股份，收购完成后中信银行对中信国金的持股比例提升至100%。第（四）项“普通股股东投资资本”，则是向中国烟草总公司非公开发行A股21.48亿股，发行价5.55元人民币，扣除发行成本后净收118.88亿元。因为新发行股份的面值为1元，所以这118.88亿元中拿出21.48亿元计入股本，剩余的97.4亿元计入资本公积。

资产负债表的重要性

对于银行股的报表而言，最重要的是资产负债表（包括股东权益表），研读它需要花费一半以上时间。资产负债表的变化过程，也是银行经营战略的执行过程。在这里你能看到它的战略发力点，是在同业业务，还是小微贷款、按揭贷款等。

其次才是利润表，它是资产和负债匹配后盈利能力的体现，是资产负债表的结果。许多投资者打开报表的第一时间，喜欢直奔主题——但这里提醒银行股投资者注意，利润表是可以被会计手段合理调节的。投资者在银行利润表上获取的信息，远少于资产负债表。

最后的现金流量表，对于银行股投资者来说是一个好消息——你可以完全忽略这张表了。这张表上的有效信息（比如融资额）都能在报表中的其他地方找到。你根本不用在意银行的经营净现金流到底是正还是负——银行嘛，钱反正不是借进来就是贷出去，是正是负又有什么关系呢？银行的现金净流量时正时负，而且金额数倍于净利润——因为银行是高杠杆经营的。银行的现金流量净额是多是少，并不会影响它的信用体系，银行也不会因此而发生“资金链断裂”之类的状况。银行有自己的流动性监管指标，如流动性覆盖率、流动性比率等。投资者无须对银行的流动性过于担忧，遇到问题[①]自然有央行或其他大行出手相助——真的运气不好，碰上系统性危机，问题也往往出自资产负债表，而非现金流量表。

下一章，我们还是讨论与资产表密切相关的内容——它就是前面我们说的银行“紧箍咒”——资本充足率。

---

① 银行的流动性危机难以提前预见，一旦发生则迅速蔓延。不管你花多少精力去研读报表，都无法看出银行的流动性问题。

第六章

银行“紧箍咒”——资本充足率

资本充足率的由来

近几年来，各银行纷纷提倡“轻型化发展”“轻资本发展”战略，这是怎么一回事？

在第一章中我们提到，银行不能“空手套白狼”，得从自己兜里掏一些本钱作为“资本金”，才能开展各项业务。银行资本金的数量必须满足一定的条件，也就是满足“资本充足率”的监管要求。资本充足率是银行所有监管条件中最重要的一条！

现在世界各国银行在资本充足率方面的标准，多遵循《巴塞尔协议》[①]。巴塞尔是国际清算银行的所在地，巴塞尔银行监管委员会是国际清算银行的一个机构，由多国中央银行或银行监管部门的代表组成。《巴塞尔协议》的初衷正是约束银行的过度扩张（竞争），防范金融系统风险（特别是全球性系统风险）。《巴塞尔协议》本身并不具备法律约束力，由各国自行遵守。

在美国次贷危机及欧债危机的影响下，2010 年 9 月 12 日，巴塞尔银行监管委员会的各方代表就《巴塞尔协议Ⅲ》的内容达成一致。这项协议中最主要的内容是：商业银行的一级资本充足率由之前的 4% 上调到 6%，同时计提 2.5% 的缓冲资本和不高于 2.5% 的逆周期准备资本，也就是说银行的一级资本充足率最低不小于 8.5%，有时甚至不能低于 11%，这几乎是原标准的 2 至 3 倍。在这个背景下，许多银行的留存利润不足以支撑其资产负债表的扩张（本钱不够用），所以就积极开展资本消耗少的业务（本钱省着用），打造“轻型化银行”。

---

① 目前最新的是《巴塞尔协议Ⅲ》。

在《巴塞尔协议Ⅲ》的基础上，我国银监会颁布的《商业银行资本管理办法（试行）》从2013年1月1日开始执行。对于我国的银行股投资者来说，只需研读2013版的《商业银行资本管理办法（试行）》及其附件就行。

关于资本充足率的相关信息，许多上市银行除了在财报中披露外，还单独发一篇公告文件进行详细披露。例如，中信银行于2016年3月24日发布的公告：《中信银行2015年资本充足率报告》。

何谓资本充足率?

资本充足率主要是针对银行资产端来说的，它跟负债端没有关系。在了解资本充足率之前，我们先来看它的一项重要指标：风险加权资产。

一、风险加权资产

信用风险加权资产：前面我们看到银行的资产表上各类资产五花八门，风险高低各有不同。如存放央行的款项，可以视作零风险；又如不同类别的贷款，风险程度也各不相同。我们在资产的基础上设置一个风险权重，用以表示不同资产的风险程度。某项资产的风险越低，其对应的风险权重也越低。这就得出了信用风险加权资产：

信用风险加权资产 = 各项资产 × 对应的信用风险权重

市场风险加权资产：根据《商业银行资本管理办法（试行）》中的解释："市场风险是指因市场价格（利率、汇率、股票价格和商品价格）的不利变动而使商业银行表内和表外业务发生损失的风险。""市场风险资本计量应覆盖商业银行交易账户中的利率风险和股票风险，以及全部汇率风险和商品风险。"

市场风险加权资产主要涉及“交易账户中的债券（固定利率和浮动利率债券、央行票据、可转让存单、不可转换优先股及按照债券交易规则进行交易的可转换债券）、利率及债券衍生工具头寸的风险”①。从此处可知，它与贷款等其他资产关系不大。银行股投资者无须掌握市场风险加权资产的具体计算方法，知道以上这些东西（如债券）会产生市场风险加权资产，并消耗资本充足率即可。

操作风险加权资产：同理，从《商业银行资本管理办法（试行）》中找解释：“操作风险是指由不完善或有问题的内部程序、员工和信息科技系统，以及外部事件所造成损失的风险，包括法律风险，但不包括策略风险和声誉风险。”由此可知，2016 年上半年曝光的几起假票据案，就属于操作风险。同样，银行股投资者也无须掌握操作风险加权资产的具体计算方法，何况这方面也没有足够的资料供我们做计算。

银行的三大块“风险加权资产”，包括信用、市场、操作，银行股投资者只需重点了解信用风险加权资产的计算方法即可，这一块也是大头，占总体风险加权资产的 80%②。参见表 6 - 1 中（第 45 页）的第 4、5 项。

把某家银行的全部信用风险加权资产、市场风险加权资产、操作风险加权资产全部加起来，就得到了这家银行的“风险加权资产”——也就是资产充足率的分母。

需要注意，这里说的名词“风险加权资产”中包含了“资产”的字样，但它与会计上的“资产”（资产负债表中）是两回事，它们并非全部对号入座的。比如操作风险加权资产，很多就不涉及资产项；又比如一些债券，需要同时计算信用风险加权资产和市场风险加权资产。

---

① 参见《商业银行资本管理办法（试行）》的附件 10《市场风险资本要求标准法计量规则》。

② 招行高级法下，其占比是 82.8%。根据银监会数据，2015 年末，整体银行业的信用风险加权资产为 88.47 万亿元，占总风险加权资产的 90.8%。

表6－1　招商银行资本充足率情况

本集团	本报告期末2015年12月31日	上年末2014年12月31日	本报告期末比上年末增减(%)
	（人民币百万元，百分比除外）		
高级法下资本充足率情况			
1. 核心一级资本净额	347,434	301,977	15.05
2. 一级资本净额	347,444	301,982	15.05
3. 资本净额	403,409	358,334	12.58
4. 风险加权资产（不考虑并行期底线要求）	3,009,265	2,748,687	9.48
其中：信用风险加权资产	2,657,383	2,471,180	7.53
市场风险加权资产	36,972	22,610	63.52
操作风险加权资产	314,910	254,897	23.54
5. 风险加权资产（考虑并行期底线要求）	3,208,152	2,893,732	10.87
6. 核心一级资本充足率	10.83%	10.44%	上升0.39个百分点
7. 一级资本充足率	10.83%	10.44%	上升0.39个百分点
8. 资本充足率	12.57%	12.38%	上升0.19个百分点
杆率情况			
9. 调整后的表内外资产余额	6,275,592	（注3）	（注3）
10. 杠杆率	5.54%	4.96%	上升0.58个百分点

二、资本充足率

我们先从《商业银行资本管理办法（试行）》中找到几种资本充足率的计算方法，如下：

$$资本充足率=\frac{总资本-对应资本扣减项}{风险加权资产}\times 100\%$$

$$一级资本充足率=\frac{一级资本-对应资本扣减项}{风险加权资产}\times 100\%$$

$$核心一级资本充足率=\frac{核心一级资本-对应资本扣减项}{风险加权资产}\times 100\%$$

首先注意到分母都是一样的，都是“风险加权资产”，也就是前面我们提到的“信用、市场、操作”这三大块风险加权资产。我们用简单的小学数学来分析：分母越大，计算结果反而越小，例如 1/3 小于 1/2。类似的道理，分母风险加权资产越大，资本充足率反而越小。当资本充足率逼近监管红线时，银行要么放慢分母扩张的脚步，要么扩大分子（各级资本）的规模。

虽然风险加权资产与资产负债表中的资产是两回事，但银行总资产增加的同时，风险加权资产往往也同步增长。如果银行总资产增速大于风险加权资产增速，又或者营业收入增速大于风险加权资产增速，我们可以将其简单看作“轻资本发展”，这是一个好现象，意味着银行在发展时消耗相对较少的资本金。

我们再来看资本充足率的分子，这里其实就是前面一直说的“本钱”。首先是核心一级资本，它指的就是股东权益，也相当于是银行的“净资产”；其次是一级资本，在我国目前可以理解为“核心一级资本 + 优先股”；最后是总资本，可以理解为“一级资本 + 二级资本”，二级资本也叫“附属资本”，就是银行往外发行的二级资本债券、超额贷款损失准备等。

这里的二级资本债，指的是“减记型合格二级债”，而不是过去的“次级债”——虽然招行的报表中仍管它叫“次级定期债券”。过去的次级债，指的是银行破产时优先于股东获得清算的债券——这种次级债已经被逐步剔除出二级资本了（陆续到期后不再发行了）。而目前的合格二级资本工具为“减记型合格二级债”，它不需要银行破产①，只要满足触发条件②，就可以宣布减记（不还或少还）或转为普通股。这些减记型合格二

① 为了维护金融稳定，实际操作过程中很难见到银行被破产清算。更多的情况是被其他银行低价收购，或者银行股被政府注资稀释，优先股及减记型二级资本债券转为普通股……最后就是银行还在，但普通股股东已经不在了——这就是投资银行股的风险。

② 一是银监会认定若不进行减记或转股，该商业银行将无法生存；二是相关部门认定若不进行公共部门注资或提供同等效力的支持，该商业银行将无法生存。

级债，在距到期日前最后五年，按 100%、80%、60%、40%、20% 的比例计入二级资本。

以上这三项不同种类的分子，分别对应不同的资本充足率名称。我国银行目前的监管要求是，普通银行[①]的一级资本不低于 8.5%[②]（其中核心一级资本不低于 7.5%，也就是说优先股只能顶 1% 的作用），资本充足率不低于 10.5%。大型国有银行在以上各项标准的基础上分别再加 1%[③]。

核心一级资本扣减项

对于二级资本的相关知识，银行股投资者不需要详细了解。因为银行的二级资本相对容易募集，且占比不大，所以最重要的约束条件还是一级资本充足率，特别是核心一级资本充足率。正是这道“紧箍咒”，限制了银行间的过度竞争，但同时也限制了银行经营的杠杆倍数。一旦银行的留存利润满足不了风险加权资产增速，其核心一级资本充足率就会降低——当它逼近监管红线时，银行就需要通过再融资来补充资本金[④]。

我们先看看核心一级资本充足率的计算公式：

$$\text{核心一级资本充足率}=\frac{\text{核心一级资本}-\text{对应资本扣减项}}{\text{风险加权资产}}\times 100\%$$

前面我们提过，分子中的“核心一级资本”指的就是银行的股东权益

① 包括股份行、城商行、农村合作银行及信用社等。

② 包括 6% 的最低资本要求和 2.5% 的储备资本要求。

③ 一般指中行、工行、农行、建行，这四家银行均先后入围“全球系统重要性银行”。此外，交行虽暂未入围，但目前它基本也是按这个要求来的。

④ 2008 年后银行股曾经频繁地再融资，主要原因是《巴塞尔协议Ⅲ》出台前后，银监会对核心一级资本充足率的要求从 4% 提高到 8.5%，提高将近一倍，使得许多银行都需要通过再融资来提升核心一级资本充足率。在监管达标后，银行股的再融资就没有那么频繁了。

（净资产），它包括了股本、资本公积、其他综合收益[①]、盈余公积、一般风险准备、未分配利润等，甚至不属于上市公司股东的少数股东权益，也能部分计入。但是需要注意，这里还有一个对应资本扣减项！顾名思义，就是银行的以下项目，需要扣减掉：

（1）商誉——这个在前面的初解资产表时已经讲过，是银行收购其他公司时的溢价部分。2015 年末招商银行就有 99. 54 亿元的商誉，主要来自对永隆银行的收购。

（2）其他无形资产（土地使用权除外）——主要是软件等。

（3）由经营亏损引起的净递延税资产——如果银行亏损就会产生这个东西，它可以在未来银行盈利后抵消企业所得税（亏损后五年内有效），但不能算进核心一级资本。

（4）贷款损失准备缺口——根据《商业银行资本管理办法（试行）》中的解释：“贷款损失准备缺口是指商业银行实际计提的贷款损失准备低于贷款损失准备最低要求的部分。”“贷款损失准备最低要求指 100%[②]拨备覆盖率对应的贷款损失准备和应计提的贷款损失专项准备[③]两者中的较大者。”

目前的上市银行还没有出现过贷款损失准备缺口的情况。但曾经有某家非上市的小型农商行，由于其不良贷款率突然飙升到 10% 以上，拨备覆盖率不足导致扣减项大增，核心一级资本充足率瞬间变成了负值。这一事

---

① 其他综合收益主要是某些会计科目项中债券的“浮盈”或“浮亏”，它暂未被计入净利润，但却已经可以计入核心一级资本。

② 也就是当拨备覆盖率低于 100% 时，不足部分要扣减核心一级资本。注意，这里扣减的标准是拨备覆盖率 100%——而非银行 150% 的拨备覆盖率监管要求，也非 2. 5% 的拨贷比要求（拨备额与贷款总额之比）。

③ 《贷款损失准备计提指引》第五条指出，银行可参照以下比例按季计提专项准备：对于关注类贷款，计提比例为 2%；对于次级类贷款，计提比例为 25%；对于可疑类贷款，计提比例为 50%；对于损失类贷款，计提比例为 100%。其中，次级和可疑类贷款的损失准备，计提比例可以上下浮动 20%。

件对银行股投资者的启示：上市银行并不需要产生财报上的经营亏损——不管是这些不良贷款暂未核销，还是不良贷款仍能收回一部分残值[①]——只要不良贷款不能被100%拨备覆盖，就会直接拉低核心一级资本充足率。对于发行有优先股或减记型二级资本债的上市银行股东，遇到这种情况可就非常糟糕了：它会使得股东的股权被低价大比例稀释，产生直接的、不可逆的真实损失。

（5）商业银行之间通过协议相互持有的各级资本工具，或银监会认定为虚增资本的各级资本投资，应从相应监管资本中对应扣除。

（6）商业银行对未并表金融机构的大额少数资本投资中，核心一级资本投资合计超出本行核心一级资本净额10%的部分应从本银行核心一级资本中扣除；其他一级资本投资和二级资本投资应从相应层级资本中全额扣除。

优先股

目前我国满足监管条件的其他一级资本，指的就是优先股。由于核心一级资本充足率和一级资本充足率的监管线只有1%的差距，所以优先股占比过大是起不到作用的。

我们在交易所买的股票指的是普通股，根据上市公司经营好坏而直接分享权利（如分红、表决等）、承担义务（出资、配股等）。上市公司发展得好，普通股的价值也对应提升[②]。优先股则按固定的股息率分配，上市公司发展得再好，这个股息率也不会提高。在上市公司破产时，优先股的清偿顺序排在其债券之后，普通股之前。从某种意义上说，优先股更像债

① 在经济危机过后，企业回归正常经营，许多不良贷款又会变成良性贷款。

② 普通股是上市公司的细胞。

券，只不过它分派的是股息而非利息，股息是企业所得税后分配。

我们以浦发银行[①]第一期优先股为例，来看看我国上市银行的优先股有哪些特点：

第一，优先股设置强制转股条款。这是为了满足一级资本工具要求，单独为我国上市银行设置的。我国的其他行业上市公司发行的优先股，没有此类条款。浦发银行转股条件如下：

（1）当公司核心一级资本充足率降至5.125%（或以下）时，由公司董事会决定，本次发行的优先股应按照强制转股价格全额或部分转为公司A股普通股，并使公司的核心一级资本充足率恢复至5.125%以上。

（2）当公司发生二级资本工具触发事件时，本次发行的优先股应按照强制转股价格全额转为公司A股普通股。其中，二级资本工具触发事件是指以下两种情形的较早发生者：①中国银监会认定若不进行转股或减记，公司将无法生存。②相关部门认定若不进行公共部门注资或提供同等效力的支持，公司将无法生存。

这里的优先股转普通股，优先股股东是被动的一方，他们不能主动转股，只有等到转股条件触发时（银行糟糕的时候），才能被动转股。如果发生优先股转股事件，普通股投资者的股权必然遭到稀释。此处浦发银行的强制转股价为优先股发行董事会决议公告日前，最近一个会计年度末（2013年12月31日）公司合并报表归属普通股的每股净资产，即10.96元/股。在优先股发行时[②]，这个转股价比普通股当时的净资产价低20%以上。

从目前的状况来看，核心一级资本充足率快速下降至5.125%之下，

① 截至2015年末，招商银行暂未发行优先股，所以此处以浦发银行为例。

② 浦发银行优先股的实际发行时间，一期为2014年12月，二期为2015年3月。

有两种可能的情况[①]：一是持有的债券[②]价格普遍大幅下跌；二是不良贷款率快速上升，致使拨备不能100%覆盖，带来大量的核心一级资本扣减项。

当然，在发生转股事件时，实际的普通股每股净资产可能高于10.96元（转股时优先股占便宜），也可能更低（转股时优先股吃亏）。不管怎样，转股事件对普通股股东来说都不是一个好消息[③]。

优先股转股价随转增股本、送红股、增发新股或配股而进行相应调整，调整方法类似除权。但在给普通股发放现金红利时，优先股的转股价不进行调整（毕竟优先股也拿了股息）。

第二，非累积型股息。在特定年度未向优先股股东派发股息部分或未足额派发股息的差额部分，不累计到下一年度，且不构成违约事件。也就是说，即便上市银行账面上有利润，也可以不发或少发股息给优先股股东，下一个年度也不用补上，且不构成违约。虽然这一条看上去挺霸道，但银行不会随意停发或少发优先股股息——除非银行为满足其他一级资本工具合格标准的监管要求，不得不停发或少发（毕竟这也有关声誉）。此外，在优先股全额派息前不得向普通股股东派股息。

第三，回售与赎回。优先股不能向上市银行提前回售，但上市银行可以在发行日期满5年之日起，于每年的优先股股息支付日全部或部分赎回。如果上市银行不进行赎回，那么优先股的期限就是永远（类似永续债）。

第四，浦发银行第一期优先股的股息率为6.00%，其中基准利率3.44%，固定溢价为2.56%。发行后每五年可以调息一次，调息只调基准

---

① 这两种情况甚至都不一定会有会计上的亏损。如被归入“可供出售金融资产”的债券，其交易价格下跌不影响净利润，但会影响其他综合收益；又比如出现大量不良贷款，计提减值准备才会减少利润乃至亏损，而核销或计提不足是不会影响其净利润的。这些内容在后面讲解银行的利润表时还会提到。

② 被归入“持有至到期投资”类的债券，不受影响。

③ 浦发银行在资本规划中，努力使核心一级资本充足率不低于7.8%，而监管要求是7.5%。

利率，为届时待偿期为5年的国债收益率算术平均值。

由于优先股股息是企业所得税（25%）后派发的，所以对浦发银行来说它的成本相当于8%的债券利息①。不过，只要浦发银行在未来的ROE②高于6%，普通股就能从优先股上获得正面效应。例如浦发银行的ROE为15%，则相当于优先股股东让出了约9%的回报率（只拿了6%的股息）给普通股股东。

还有一点，优先股必须发挥其充当其他一级资本的作用。如果浦发银行的核心一级资本高于8.5%（含不远的将来），那么它已经满足监管要求，就没必要发行优先股——虽然对银行客户来说其风险抵抗能力更强，但对股东来说纯属浪费（股息）。

权重法与高级法

资本充足率的计算方法有两种，分别为权重法和高级法（也称“内评法”）。两者的区别在于，权重法的各种风险权重是按照《商业银行资本管理办法（试行）》规定执行；而高级法则是银行自己定的风险权重（根据内部对资产和风险的评级）。截至2015年底，已经被批准实施高级法的银行有六家，分别是工、农、中、建、交，以及招行。

银行采用权重法时，投资者可以结合其资产变化情况窥探一二。比如某行加大了个人按揭房贷业务，我们知道权重法中房贷的风险权重是50%，这比普通贷款100%的权重小，在此项业务上发力更节省资本。而银行一旦采用高级法，留给银行股投资者分析的空间就小得多——因为银

---

① 6% ÷（1－25%）＝8%。

② 净资产收益率，即每股收益除以每股净资产。严格来说，其实还可分为期初ROE和加权ROE，详见前作《投资第一课》第四章第一节。

行内部赋予各项资产的具体风险权重经常变动，投资者能获得的信息也不尽全面。例如，交通银行2015年资本充足率信息披露报告第22页，其对个人按揭房贷的风险加权权重平均为19.73%（低于权重法的50%），而2014年对应的权重为15.82%。

许多投资者认为高级法比权重法消耗的资本更少，因为银行自身有动机降低各项资产的风险权重，以减少资本消耗。但其实在高级法下，银行也不能随意赋予风险权重。《商业银行资本管理办法（试行）》的附件5、14和附件16，分别为高级法的监督检查和验证要求。高级法的风险权重是银行自身对资产违约率的预估，所以它的特点就是在经济下行周期，资产不良率上升，各项资产的风险权重也会随之提升。而此时银行通过利润[①]补充资本的能力本就不足，在双重夹击下，资本充足率可能面临窘境。而在权重法下，各项资产权重由监管部门制定，也会面临阶段性的调整，而且可能偏离实际风险情况。比如监管部门为了鼓励银行对小微企业放贷，将此类贷款的风险权重设为75%，但它的风险可能反而高于一般企业贷款（权重为100%）。

高级法下的各类风险加权权重，参见各家银行发布的《资本充足率信息披露》公告。而对于权重法，则可以参考《商业银行资本管理办法（试行）》的附件2。这里列举权重法下一些常见项目的信用风险权重：

（1）信用风险权重为0的有：现金、黄金、存放央行款项、对中央政府的债权（国债等）、对央行的债权（央票等）、对政策性银行[②]的债权等。

（2）对其他商业银行的债权[③]（常说的“同业业务”）：原始期限3个月以下的为20%；原始期限3个月以上的为25%；对非银行金融机构的债权：100%。

---

① 银行是周期性行业，经济下行时其盈利能力降低。

② 国家开发银行、中国进出口银行、中国农业发展银行。

③ 不含次级债、减记型二级资本债，这些大部分都是扣除项。

（3）普通贷款为100%，符合条件的小微贷款为75%，个人房贷为50%，其他个人贷款75%（如消费贷、信用卡等）。

（4）对工商企业的股权投资为1250%。

以上信用风险加权权重适用于表内资产，而对于表外项目，则用“信用转换系数”先进行转换，然后按表内对应资产项的风险权重进行计算。信用转换系数如下表：

表6－2 表外项目信用转换系数表

项目	信用转换系数
1. 等同于贷款的授信业务	100%
2. 贷款承诺	
2.1 原始期限不超过1年的贷款承诺	20%
2.2 原始期限1年以上的贷款承诺	50%
2.3 可随时无条件撤销的贷款承诺	0%
3. 未使用的信用卡授信额度	
3.1 一般未使用额度	50%
3.2 符合标准的未使用额度	20%
4. 票据发行便利	50%
5. 循环认购便利	50%
6. 银行借出的证券或用作抵押物的证券	100%
7. 与贸易直接相关的短期或有项目	20%
8. 与交易直接相关的或有项目	50%
9. 信用风险仍在银行的资产销售与购买协议	100%
10. 远期资产购买、远期定期存款、部分交款的股票及证券	100%
11. 其他表外项目	100%

资料来源：《商业银行资本管理办法（试行）》的附件2。

许多投资者认为手续费等中间收入并非不消耗资本，事实真的如此吗？其实很多中间收入涉及操作风险，还有很多中间业务则存在对应的表外项目，需要用信用转换系数转换并计算风险权重。

我们来看银行的信用卡业务，它的收入主要来源两部分，一是刷卡费

（向商家收取），二是分期收入（手续费）。有的银行将这两部分全部算入手续费收入（中间业务），还有一些银行将其中的分期收入算入净利息收入（招行从2015年开始按此计算）。其实，这些信用卡带来的中间收入消耗的资本并不比普通贷款少。客户已经刷卡但未还的金额，不管是在免息期还是分期还款，都计入了资产表中的“贷款和垫款”项目，并按75%[①]计算风险权重。此外，客户的信用卡未使用额度，还得按20%至50%的转换系数转为表内信用卡贷款，再按75%的风险权重计算。

如何看待银行“紧箍咒”？

本章一下子讲了一箩筐专业类知识，估计已有不少同学感觉吃力了。关于资本充足率，精研起来恐怕一整本书也讲不完。好在我们只是银行股投资者，无须成为银行方面的“业务通”。对于投资者来说，模糊的正确远胜精确的错误。

首先，最重要的是透过资本充足率了解银行的商业模式。“紧箍咒”加身的银行业，算不算一门好生意？其次，通过比较营业收入增速、总资产增速、风险加权资产增速等数据，判断某家银行是否实现轻资本发展[②]，判断其新发力的某些业务是否节省资本，判断其留存利润能否满足资本需求，判断下一次再融资时点（是否有高价再融资的可能）。再次，学会在银行净资产中将一些不能充当核心一级资本的项目剔除（如“商誉”），然后对各银行股的充足率进行横向比较。最后，知道可能引发核心资本充足率急速下降的两种原因，它们会导致优先股转股、减记型二级资本债转股

① 权重法下。

② 轻资本发展的两条主要路径：一是多开展资本消耗少的中间业务；二是调整资产结构，加大低风险权重的资产占比。

等负面事件，致使普通股的股东权益被大幅稀释。

在资本充足率的约束下，银行股投资产生了一个新的评判指标“加权风险资产收益率”。

$$加权风险资产收益率=\frac{净利润}{加权风险资产（三大类加总）}$$

由于银行股投资更看重 PE、PB、ROE、ROA[①] 等指标，所以加权风险资产收益率并不为投资者重视——它更适合银行在各业务线条中作为大类资产配置、业绩考核之用。与之类似的业务工具还有内部资金转移定价（FTP）体系。

正是“紧箍咒”，让大闹天宫的“妖猴”变成了“斗战圣佛”。对于银行业来说，资本充足率这道“紧箍咒”是所有监管指标里最重要的一条，它甚至奠定了银行业的发展模式。某些商品或服务边际成本趋零的行业，不得不拼个你死我活。例如，一些互联网行业，在前期投入完成以后（初期成本高），每新增一个客户的边际成本趋于零。正因为此，行业内抢客户的成本很低，最终只能大家都免费，甚至“烧钱”抢客户——这虽然幸福了消费者，但却苦了股东。如果互联网平台缺乏客户黏性，股东“烧”的钱也就付之东流了，随时可能被新进的竞争对手颠覆。好在银行不会这样，虽然业务也要努力做好，但完全没必要抢个你死我活。自己口袋里有多少资本金，就开展多少业务，反正多了也吃不下。

通胀对银行股有利吗?

许多投资者认为通胀对银行是有利的，因为通胀之下银行可经营的货币量增多了。事实真的如此美好吗？银行股的抗通胀能力究竟如何？

---

① PE 为市盈率，PB 为市净率，ROE 为净资产收益率，ROA 为总资产收益率。

影响物价水平的因素有很多，如货币流通速度、社会总需求等。但我们把时间拉长来看，造成通胀的主要原因还是货币发行量增速，超过了物质生活水平提高的速度。

过去十年间广义货币量（M2）的平均增速约为16%，但我们所能感知到的通胀却并没有这么严重，这是为什么？主要是随着劳动生产率提高，我们的物质生活水平也提高了。换言之，提高劳动生产率对通胀有一定的稀释缓冲作用。举一个简单化的例子来说明：原来市场上有100元钱，100个苹果，1元钱可以买1个苹果。一年后，市场上有116元钱，但劳动生产率提高后生产了110个苹果，此时1.05元即可买1个苹果，通胀率不是16%，而是约5.5%。

假如一年后还是110个苹果，但货币超发严重，市场上冒出来150元钱，此时1.36元才能买一个苹果，货币购买力几乎损失了1/3。为了应对这多出来的50元货币供应量，银行需要增加约50%的资本金来补充核心一级资本！在这种情况下，银行股的股东权益可能被严重摊薄。

为了便于理解，我们再来看一个简单的模型，先假设劳动生产率不变，社会的总物资量也保持不变。

情形1：银行股的资本获利能力为15%，货币供应量每年约增加15%。为了应对新增的货币量，银行需要拿全部的新增利润来补充资本金（不分红），用于扩大经营规模。一年后，银行的经营规模扩大了15%，净利润也扩大了15%，但这些增长都被货币贬值给稀释掉了。对于银行股投资者而言，手中的购买力并没有增长。

情形2：银行股的资本获利能力为15%，货币供应量每年约增加20%。为了应对新增的货币量，银行的新增利润不足以补充资本金（不分红），还必须向外界再融资。假设再融资摊薄5%①，那么一年后，银行的

① 假设再融资价格接近银行股的即时市净率。

经营规模扩大了20%，净利润也扩大了20%，但股东权益被摊薄了5%。对于银行股投资者而言，手中的购买力反而下降了5%。

情形3：银行股的资本获利能力为15%，货币供应量不增加。此时银行不需要用新增利润来补充资本金，银行的经营规模也不能扩大。此时银行把全部利润分红，假设分红时银行股股价接近即时市净率，即此处的分红回报率约为15%，则银行股投资者手中的购买力也大约提升15%。但如果此时银行选择全部留存利润，则这部分资本其实是被闲置的。此时的核心一级资本充足率不断提高，但资本的获利能力（ROE）却不断下降（被留存利润摊薄）——经营规模不变，净利润不变，但投入的资本越来越多。

我们再假设劳动生产率每年提高8%，社会的总物资也相应提高8%。此时：

情形4：银行股的资本获利能力为20%，货币供应量每年约增加15%。银行只需拿出75%的新增利润就足以补充资本金，剩余25%的利润还可以分红。一年后，银行的经营规模扩大了15%，净利润也扩大了15%，但通胀水平只有7%左右，银行股投资者还拿到了一定数量的分红。对于银行股投资者而言，手中的购买力提高了13%左右①。

从以上四种情形来看，通胀其实并不对银行股投资构成利好条件。说到底，银行只不过是用自身的利润滚存来对抗通胀罢了。

① 即假设分红时，银行股股价接近即时市净率，此时的分红回报率约为5%。

第七章

初解银行利润表

初解利润表

还记得吗，银行三大表中最重要的是资产负债表，其次是利润表，而现金流量表则可以忽略。资产负债表就像是种植果树，果子好不好全靠平日的栽培。而利润表则像收获果实，看着它投资者更能体验到喜悦，或者忧愁。

仍然以招商银行2015年年报为例，我们看看第18页的这张简表：

5.2　利润表分析

5.2.1 财务业绩摘要

	2015年	2014年 （重述）
	（人民币百万元）	
净利息收入	136,729	117,202
净手续费及佣金收入	53,419	39,494
其他净收入	11,323	9,167
业务及管理费	(55,741)	(50,656)
营业税及附加	(11,929)	(10,425)
保险申索准备	(287)	(332)
资产减值损失	(59,266)	(31,681)
营业外收支净额	831	662
税前利润	75,079	73,431
所得税	(17,061)	(17,382)
净利润	58,018	56,049
归属于本行股东净利润	57,696	55,911

2015年，本集团实现税前利润750.79亿元，比2014年增长2.24%，实际所得税税率为22.72%，比2014年下降0.95个百分点。

利润表其实很简单，想象一下我们自己经营一个小店，收入减去支出，交完各种税，剩下的就是净利润。上表中，收入的主要部分有：净利息收入、净手续费及佣金收入、其他净收入①，这三项构成营业收入。这里要注意，三个项目都是“净”收入。比如利息这一块，资产端收到利息，负债端也会支出利息。但我们并不将负债端支出的利息算作营业成本，而是将两者之差的“净”利息纳入营业收入中。属于营业支出（营业成本）的部分则有：业务及管理费、营业税及附加②、资产减值损失这三大块，这些都是银行为开展业务所支出的成本。将前面的营业收入减去这里的营业支出，得到的就是营业利润了。

注意这三项成本：业务及管理费、营业税及附加、资产减值损失。其中营业税及附加是根据银行业务量的多少来收取的，不同种类的业务可能略有差异，但各家银行总体差不多，没什么好比较的。而资产减值损失，则是银行各类不良资产造成的坏账损失（计提），这在后面的章节还将单独详细讨论。这里应当特别注意的是“业务及管理费”，它指的是员工薪酬、固定资产折价、营业网点租赁等费用。由此衍生出银行股一个重要的横向比较指标，就是成本收入比：

成本收入比 = 业务及管理费/营业收入

我们可以比较各银行股的成本收入比，一般来说，银行的成本收入比越低越好。但我们也不能看到成本收入比偏低，就两眼放光，以为找到了优秀的股票抱住不放。不同银行的业务侧重点不同，不能单纯只看成本收入比。比如，某些业务虽然耗费较多的业务及管理费，抬高了成本收入比，但它的利润量可能更多；反之，另一些业务只耗费极少量的业务及管理费，比如同业业务：一个大办公室里运作的资金量就能上千亿元，抵一个省分行的业务量，但它的利差很薄，许多银行在这一块甚至不赚钱。打个浅显的比方，你一筐西瓜卖了 100 元，其中 25 元成本，成本收入比是

---

① 通常把净手续费及佣金收入、其他净收入这两块称为“非息收入”。

② 2016 年 5 月 1 日开始实施“营改增”。增值税是价外税，向产品或服务的增值部分收取，且税额不纳入营业收入。

25%，你赚了75元；隔壁小李卖了120元，其中40元成本，成本收入比是33%，但他赚了80元!

2015年招行的成本收入比为27.67%，处于银行业平均水平。根据银监会数据，2015年银行业四个季度的成本收入比分别是：26.67%、27.21%、27.88%、30.59%。

当然，银行在主营业务之外，也还有一些其他收支，计入营业外收入和营业外支出，两者之差就是上表中的“营业外收支净额”。在营业利润的基础上，再加上营业外收支净额，就得到了税前利润。

税前利润扣除企业所得税[①]，就是我们最关心的净利润了。不过别着急，事儿还没完，净利润中还要去除“归属于少数股东的净利润”，得到的才是“归属于本行股东的净利润”——**持有银行股的投资者，这一部分净利润才属于你**。

上表中还有一项“保险申索准备”，这是招行旗下保险公司产生的，本书略过不提。

银行利润的产生大致就是这么一回事，我们再翻到第143~145页，这里有更详细的利润表。跟资产负债表类似，利润表我们主要关注“合并利润表”即可（或“本集团”）。在这张更详尽的利润表中，我们还能找到“其他综合收益”的详细变化情况，这在早期的财报中是没有的。之所以产生其他综合收益，是因为上市公司有一些账面上的浮盈或浮亏，暂时没有计入净利润，于是就先挂在其他综合收益这里。等以后浮盈或浮亏真正确认，才从其他综合收益这里剔除，重新计入到净利润之中。可以这么理解，其他综合收益就是横在净利润前面的一个储藏室。

虽然被归入其他综合收益中的浮盈或浮亏，没有计入净利润，但它们是实实在在增厚或减少了净资产（股东权益）的。以前经常有人问我，为

---

① 银行的企业所得税税率为25%。因为国债等资产可免除企业所得税，所以银行的实际所得税税率略低于25%。

何银行当年的净资产增加值，与其实现的净利润不相等？主要原因为：一种是忽略了其他综合收益；另一种是忘记考虑现金分红了（把净资产拿来分红了，账面上剩的就少了）。

在利润表的最后面，有其他综合收益的当期变动详情，而最后的“综合收益总额”则是净利润 + 其他综合收益。我们可以看招行财报第 145 页：

	附注	2015 年	2014 年
净利润		58,018	56,049
其他综合收益的税后净额			
归属本行股东的其他综合收益的税后净额			
以后不能重分类进损益的项目：			
重新计量设定受益计划负债的变动		(53)	—
以后将重分类进损益的项目：			
权益法下在被投资单位以后将重分类进损益的其他综合收益中享有的份额		64	35
可供出售金融资产公允价值变动损益		4,222	7,414
现金流量套期损益的有效部分		404	788
外币财务报表折算差额		966	427
归属于本行股东的其他综合收益的税后净额		5,603	8,664
归属于少数股东的其他综合收益的税后净额		2	1
其他综合收益	35	5,605	8,665
综合收益总额		63,623	64,714

注意，这里利润表中的“其他综合收益”，指的是报告期内发生的金额，为 56.05 亿元。而股东权益表中也有一个“其他综合收益”，那里指的是截至报告期末，账面上还有多少其他综合收益，该处数据为 60.86 亿元。打比方来说，利润表中的其他综合收益是你今年赚的钱并锁在小金库里的，股东权益表中的其他综合收益则是你小金库里所有的钱（含今年的）。小金库里的钱（可为负），以后的年度会逐步挪出到净利润中去，当然也会有新的浮盈浮亏继续挪进小金库。

其他综合收益的具体变动情况，可参见招行2015年年报第278页，这里不再列举。

浮盈浮亏如何挂账？

这里说的银行的浮盈浮亏，主要指的是债券投资上的浮动盈亏。因为许多债券都可以交易，所以银行除了收取债券利息外，债券交易价格的变动也会对银行净利润产生影响，又或者产生浮盈浮亏（不影响净利润但计入其他综合收益）。

前面在讲资产表时，我们提过银行的债券投资被分别挂在以下几个会计科目下：

(a) **以公允价值计量且其变动计入当期损益的金融资产。**2015年末招行此块资产规模为590.81亿元，其中包括两大块：一是交易性金融资产508.09亿元，二是指定为以公允价值计量且其变动计入当期损益的金融资产82.72亿元，参见其2015年年报第30、31页：

	2015年12月31日	2014年12月31日（重述）
	（人民币百万元）	
中国政府债券	17,543	5,351
政策性银行债券	9,622	6,165
商业银行及其他金融机构债券	5,860	6,458
其他（注）	17,784	15,048
交易性金融资产总额	50,809	33,022

注：包括其他债券、股权投资、基金投资、纸贵金属等。

	2015 年 12 月 31 日	2014 年 12 月 31 日（重述）
	（人民币百万元）	
中国政府债券	304	299
政策性银行债券	3,874	3,970
商业银行及其他金融机构债券	655	766
其他债券	3,439	2,133
指定为以公允价值计量且其变动计入当期损益的金融资产总额	8,272	7,168

分到此会计科目下的债券，特点是在公开市场[①]上有报价，且交易活跃。银行持有该种债券的主观意愿偏短期——短期内可能卖出兑现，也可能持有到期。该会计科目下的债券如果交易价格发生变动，直接计入净利润，具体表现在利润表的“公允价值变动收益”和“投资收益”中。

（b）**可供出售金融资产**。2015 年末招行此块资产规模为 2995.59 亿元，主要也是各类债券，如下表（财报第 31 页）：

	2015 年 12 月 31 日	2014 年 12 月 31 日（重述）
	（人民币百万元）	
中国政府债券	94,429	77,265
中国人民银行债券	94	99
政策性银行债券	68,822	91,223
商业银行及其他金融机构债券	66,235	34,190
其他债券	66,728	73,828
股权投资	2,906	2,215
基金投资	1,012	317
可供出售金融资产总额	300,226	279,137
减:减值准备	(667)	(611)
可供出售金融资产净额	299,559	278,526

① 主要是银行间债券市场和交易所债券市场。

分到此会计科目下的债券，同样在公开市场上有报价，但银行预计持有的时间偏长，短期内考虑出售的可能性不大。该会计科目下的债券如果交易价格发生变动，不计入净利润，但计入其他综合收益，影响银行的净资产（股东权益）。其他综合收益科目下有一个“投资重估储备”的分项，主要就是来自可供出售金融资产的交易价格变动。

（c）**持有至到期投资**。2015 年末招行此块资产规模为 3,531.37 亿元，主要构成也是债券，如下表（财报第 32 页）：

	2015 年 12 月 31 日	2014 年 12 月 31 日（重述）
	（人民币百万元）	
中国政府债券	171,028	109,919
政策性银行债券	165,890	133,197
商业银行及其他金融机构债券	14,214	9,410
其他债券	2,100	6,979
持有至到期投资总额	353,232	259,505
减：减值准备	（95）	（71）
持有至到期投资净额	353,137	259,434

分到此会计科目下的债券，同样在公开市场上有报价，银行作为战略性配置，打算长期持有直至到期（也不排除会中途出售）。既然债券已经是打算持有到期的，那么不管这些债券的价格在持有期间如何波动，银行获得的收益都是相同的，均为债券本金 + 利息。该会计科目下的债券如果交易价格发生变动，那就权当没看见好了——它既不计入净利润，也不计入其他综合收益，不影响净资产。

（d）**应收款项类投资**。在这个会计科目下，也分布了一些债券。这些债券与前三类的主要区别在于，它们没有在银行间市场及证券交易所市场交易，所以也就没有公开报价。也就是我们常说的“非标准债权资产”。既然没有报价，也就不存在浮盈浮亏的问题。具体情况如下表（财报第 33 页）：

	2015年12月31日	2014年12月31日
	（人民币百万元）	
标准债权投资		
中国政府债券	747	594
商业银行及其他金融机构债券	11,154	21,229
其他债券	20,389	21,335
非标准债权投资		
信贷类		
-信托受益权	78,067	111,636
-券商资产管理计划	101,702	86,836
-基金公司资产管理计划及其他	58,615	40,450
非信贷类		
-保险资产管理计划	48,198	56,330
-信托受益权	—	402
-券商资产管理计划	143,351	24,557
-基金公司资产管理计划及其他	254,858	45,451
应收款项类投资总额	717,081	408,820
减:减值准备	(1,017)	(68)
应收款项类投资净额	716,064	408,752

投资者如果搞不清以上这些七七八八的会计挂账知识，也没有关系。记住以下两点就好：

第一，d类中的债券不用管，像贷款那样的债权资产去理解就行。

第二，a、b、c三类债券中，a和b的价格变动都影响净资产（股东权益）和核心一级资本充足率，但c不影响。如果上市银行在财报中，将a、b重分类进入c，或者将c重分类进a、b①，投资者就得注意了。因为这样会对净利润、净资产、核心一级资本充足率起到调节作用——这种调节只是时间轴上的挪位，不会凭空造出利润，它可以增厚当期利润，减少

① 特别是在连续升息或降息周期，这时期债券的价格变化较大。升息周期中债券价格下跌，降息周期中债券价格上涨。

未来利润；或减少当期损失，挪到以后慢慢损失。

更详细的分部业绩表

除了主要的利润表，银行的财报中还有一些分部业绩表。通过这些分部业绩表，投资者可以得到更细致的了解。

一、按业务线条分

我们看到招行将主营业务分作三大块，分别是公司金融业务、零售金融业务、同业金融业务。相关的主要内容集中在 2015 年年报的第 48 页（分部利润简表）、第 60～73 页（各线条业务概述）、第 293～296 页（各分部利润详表）。

（人民币百万元，百分比除外）

项目	2015 年		2014 年	
	分部税前利润	占比（%）	分部税前利润	占比（%）
公司金融业务	12,508	16.66	30,798	41.94
零售金融业务	34,792	46.34	29,105	39.64
同业金融业务	22,983	30.61	16,199	22.06
其他业务	4,796	6.39	（2,671）	（3.64）
合计	75,079	100.00	73,431	100.00

这种业务条线的分类方法，已经被许多银行普遍采用，如中信银行、民生银行、兴业银行等。这其实也涉及银行的运营管理及战略发展。

公司金融业务，也称为“对公业务”“公司银行业务”等。该业务条线的服务对象是工商企事业单位（法人），业务内容有存款、贷款、委托贷款、销售理财产品、承销债券等。公司金融业务的优点是规模效应好，同等规模业务所耗费的业务及管理费相对少。往往一家法人单位的存款或贷款规模就上亿元，抵得上几百笔小额存、贷款。公司金融业务是过去银行的发展重点，即便现在也有许多银行在公司金融业务方面独大。当然公司金融业务也有自身的缺点：一是客户的谈判能力强，银行收益低；二是业务及风险亲经济周期，容易起伏不定。因此，它被一些投资者诟病为“垒大户”。

零售金融业务，也称“个人银行业务”“零售银行业务”等。该业务条线的服务对象是自然人，或者小型个体工商户（无限责任），业务内容也包括存款、贷款（主要为个人房贷、信用卡、消费贷）、销售理财产品、私人银行服务等。零售金融业务的特点跟公司金融业务刚好反过来，业务及风险与经济周期呈弱关联性，但支出更多的业务及管理费。一般而言，零售型银行的成本收入比会偏高，但是这种趋势在减弱，主要因为电子化替代以及社会的贫富分化——财富向金字塔尖人士聚集①，高端零售银行业务发展很快。招商银行是高端零售领域的佼佼者，旗下“金葵花”品牌被高净值人士认可。

同业金融业务，也称“同业业务”“资金业务”等。该业务条线的交易对手主要是其他金融机构（含银行）。同业金融业务主要是赚取同业拆借中的资金利差。

在招行2015年年报的其他地方，我们还能找到以下内容：

本集团按业务条线和经营地区将业务划分为不同的营运组别，从而进行业务管理。

发展策略：以零售金融为“一体”，以公司金融、同业金融为“两翼”，加强零售“一体”对公司、同业的带动作用，加大公司、同业“两翼”对零售的支持作用，推进一体两翼协同共进，打造差异化竞争优势。

---

① 招商银行“金葵花”及以上零售客户数量164.76万户，只占总零售客户6694万户的2.45%，但其管理总资产余额（AUM）却高达37296亿元，占全行管理零售客户总资产余额的78.52%。详细见财报第60页。

招行过去的成功经验之一，就是将零售银行业务确定为战略方向并长期坚持。2015 年，招行零售贷款余额和税前利润均已占据半壁江山，零售金融优势得到巩固；公司金融和同业金融重点业务不断突破，客户基础不断壮大。“一体两翼”定位和“轻型银行”方向更加清晰。

从这些文字中，投资者可以看到招行目前最重视的是零售金融业务，其次这些年同业金融的比重也在提升，呈现三分天下的态势[①]。

二、按地区分

相关内容主要集中在 2015 年年报的第 42 页（按地区分不良贷款情况）、第 49 页（分地区的资产、负债、利润情况）、第 112 ~ 113 页（分支机构表）、第 199 页（按地区分贷款情况）、第 297 ~ 298 页（分地区经营情况表）。

通常许多投资者认为 GDP 发展速度快的地区，工商企业利润较高，贷款需求旺盛，坏账率低，所以银行在这些地区开展的业务[②]越多越好。在选股时，也更乐于选择在发达地区业务比例更高的银行股。

在普通的日子里，以上观点是没问题的。但是投资者也要注意，经济学上有个名词叫“明斯基时刻”，由美国经济学家海曼·明斯基提出。其大意是指，经济长时期稳定向好时，投资者（实体经济）普遍积极乐观，风险承受能力也大，倾向于借入更多的资金扩大生产或服务规模。随着时间不断推移，债务不断增加，杠杆比率不断上升，直至达到入不敷出的临界崩溃点。这个临界崩溃点是十分危险的，这当然也是银行股投资者需要特别留意的。

例如，最近一轮的不良资产双升就是 2014 年前后从浙江等较发达的省

① 2015 年公司金融业务条线的利润偏低，主要是计提了较多的资产减值准备，详见财报第 293 ~ 296 页。

② 从分地区业务分部的总资产、营业收入等方面去观察。

市最先开始的，而非中西部地区。而浙江的温州则是风向标，其早在 2011 年就有坏账飙升的苗头。

一样的道理，如果某些地区的不良贷款率高，那么在这些地区业务比重高的银行，自然也很难乐观。在资产质量下行周期，这是银行股投资者必须认真考察的问题。

第八章

如何细审银行净利差？

初解净利差

银行一只手从资产端获取利息收入，另一只手向负债端支付利息[①]。总体来说资产端的利率高于负债端，所以银行赚取的是两者的利差部分，这是银行最主要的收入来源，大约占总收入的65%至95%。

对投资者来说，银行的利差当然是越大越好，但这句话是针对整个银行业来说的。如果某家银行的利差明显高于同行，那我们还得搞清楚它高利差的原因：

（1）是不是这家银行配置了风险更高的资产，从而拉高了资产端的利率？如果是，那么它可能在稍后的年头里产生更多的资产损失。

（2）是不是零售存款、农村存款较多，从而拉低了负债端的利率？如果是，那么它的业务及管理费可能比较多，细算下来也并不见得占优势。

衡量银行利差有两个指标，一个是净利差，一个是净息差[②]。净利差是指总生息资产平均收益率和总付息负债平均成本率之差；而净息差则是指利息净收入除以总生息资产平均余额，注意这两个概念都剔除了无息资产和无息负债。一般来说，银行的净利差会小于其净息差——如果拿出纸笔计算一下，你就会知道这两个数据的主要区别在于**计算中是否纳入了股东权益**。一家银行的股东权益/总资产越大，那么其净利差和净息差的差距也越大。

虽然我们在谈起银行股时，常常将利差和息差的概念混淆在一起谈论，但是我还是建议大家在银行股对比分析时，**重点选择使用“净息差”这个指标**。之所以选择净息差，是因为它能够代入公式：净利息收入 = 生

---

① 银行也有一些无息的资产和负债，如资产端有现金，负债端有应付职工薪酬等。

② 招行报表中称为“净利息收益率”，参见其2015年年报第22页。

息资产平均余额×净息差。我们可以将所有上市银行的净息差列出来，进行横向比较①，而在央行的货币执行报告或银监会的季度主要监管指标中，也会有银行业的平均净息差数据（无净利差数据）；我们还可以将某家上市银行在过去五至十年的净息差列出来，进行纵向比较——同时可以列出历年央行基准利率变动情况，看看银行股在基准利率变动时的净息差是如何变化的。

对于银行业整体来说，其一般在升息周期②利差扩大，在降息周期利差缩小。这其中一个重要原因是：活期存款的利率很低且波动范围较小。活期存款作为负债端产生利息支出，其在升息周期时上升较少，从而拉大利差；降息周期同理。当然，这里说的都是“一般情况”，毕竟银行的利差还受货币供应量、企业和居民的贷款及存款意愿、银行外融资渠道、银行对信用风险的预估等多种因素影响。

许多银行的财报中将利差变动因素、规模变动因素对净利息收入的影响做成了表格，这样就一目了然了。例如招行的这张表（财报第21页）：

	2015年对比2014年		
	增(减)因素		增(减)净值
	规模	利率	
	（人民币百万元）		
资产			
贷款和垫款	17,358	(8,402)	8,956
投资	12,348	(1,922)	10,426
存放中央银行款项	618	(338)	280
存拆放同业和其他金融机构款项	(3,801)	(9,175)	(12,976)
利息收入变动	26,523	(19,837)	6,686

① 回顾前文，比较时注意搞清楚高利差的原因。

② 即央行不断调高存贷款基准利率的时期，降息周期类同。

续表

	2015年对比2014年		
	增(减)因素		增(减)净值
	规模	利率	
	(人民币百万元)		
负债			
客户存款	5,516	(9,170)	(3,654)
同业和其他金融机构存拆放款项	2,519	(15,849)	(13,330)
已发行债务	3,294	(65)	(3,229)
向央行借款	918	(4)	914
利息支出变动	12,247	(25,088)	(12,841)
净利息收入变动	14,276	5,251	19,527

除了净利差以外，银行报表中常常还会将不同资产和负债的利率列出。招行2015年年报主要集中在第21~23页，第284~285页：

	2015年7—9月			2015年10—12月		
	平均余额	利息收入	年化平均收益率%	平均余额	利息收入	年化平均收益率%
生息资产	(人民币百万元,百分比除外)					
贷款和垫款	2,709,322	40,190	5.89	2,821,656	38,983	5.48
投资	1,293,552	12,852	3.94	1,259,927	12,074	3.80
存放中央银行款项	640,596	2,218	1.37	578,060	2,047	1.40
存拆放同业和其他金融机构款项	514,153	3,278	2.53	433,144	4,721	4.32
合计	5,157,623	58,538	4.50	5,092,787	57,825	4.50

	2015年7—9月			2015年10—12月		
	平均余额	利息支出	年化平均成本率%	平均余额	利息支出	年化平均成本率%
计息负债	(人民币百万元,百分比除外)					
客户存款	3,473,271	14,859	1.70	3,400,699	13,413	1.56
同业和其他金融机构存拆放款项	1,150,982	6,590	2.27	1,010,954	6,367	2.50
已发行债务	154,120	1,796	4.62	232,183	2,095	3.58
向央行借款	27,804	238	3.40	44,677	380	3.37

续表

	2015 年 7—9 月			2015 年 10—12 月		
	平均余额	利息支出	年化平均成本率%	平均余额	利息支出	年化平均成本率%
计息负债	（人民币百万元，百分比除外）					
合计	4,806,177	23,483	1.94	4,688,513	22,255	1.88
净利息收入	—	35,055	—	—	35,570	—
净利差	—	—	2.56	—	—	2.62
净利息收益率	—	—	2.70	—	—	2.77

也许有细心的读者已经发现了，上面这两张表中的一些数据，和资产负债表中有差别。例如，此表中的贷款和垫款项目共计 27093 亿元，而资产负债表中则为 27394 亿元，这是怎么一回事？其实，资产负债表是报告期末的“定格照”，而利润表①则是报告期内每时每刻收入、支出、利润的累计额。大多数情况下，银行的资产及负债都是年末大于年初，所以此处需要提炼出“平均余额”，上面两张表所列的数据正是平均余额。

银行的财报中通常都有各种不同类别资产、负债的详细利率情况，投资者可以将数家上市银行列表比较。除了最重要的净利差外，还有存贷款平均利率、同业业务利率等。

低成本的负债是银行的一大竞争优势，但请注意低成本不能光盯着负债利率，还得再与同行比较一下业务及管理费。反过来看，高利率的资产却并不是银行的竞争优势，因为这些资产的风险可能较高②。投资者不能放松警惕，不做温水中的青蛙——银行是收益前置，风险滞后的行业，这些高息资产可能好几年都不出事，但一出事就出大事。

---

① 该表中的利息收入、利息支出等项正是利润表的详表。

② 借方（银行）筛选风险，风险也会反向选择借方：如果你的信用度能以 5% 的利率在 A 处借到钱，你会以 8% 的利率去找 B 借吗？因为信用度高的客户把 A 借光了，剩下信用度低的客户才不得不选择利率更高的 B 借款。

银行资产与负债的利率匹配

我们可以这样看待银行资产端与负债端的利率匹配：

一、存款与贷款匹配

存款是付息利率最低的负债之一，几乎没有银行愿意看到自家的存款流失。存款总量的增长，也是银行一步一个脚印走出来的。而贷款则是收息利率较高的资产，也是银行中风险相对较高的资产。同样，贷款也需要银行对细分行业、工商企业或个人进行长期跟踪和发展。如果银行要对贷款做出调整①，必然不是短期内就能办到的，甚至还可能伤筋动骨一番②。

既然存款和贷款都不容易挪动，我们可以把它们看作匹配的一对。两者的利率之差，称为**存贷差**。例如招行的平均贷款利率是5.89%，平均存款利率是1.7%，存贷差就是4.19%。就总体而言，银行存贷差不会出现倒挂，但不排除一些局部阶段性的利率倒挂，比如，曾经就有七折按揭贷款（三十年以内）利率低于五年期存款利率。

存款的期限越长，付息利率也就越高。但贷款却并不一定，有时常常反过来③。主要原因是长期贷款多是还款能力较强的大型项目，如大中型水电站等。因为这些项目风险更低，所以贷款利率也低。而短期贷款多为风险更高的行业贷款、小微贷、个人贷等。银行更喜欢将这些风险较高的贷款做成短期的，这样银行在贷款人还款能力恶化的过程中有机会及时抽

---

① 比如调整某些行业的贷款占比。

② 压缩某些贷款（抽贷）的过程中可能产生较多坏账。

③ 招行2015年短期贷款平均利率6.67%，中长期贷款则为5.63%。

身。按期限配对理论来说，银行应当短期存款对应短期贷款，长期存款对应长期贷款，但银行并不需要这么做。银行其实在流动性管理中处于有利位置——虽然有不少人从银行取款，但同时也有不少人往里头存款，两者之间大部分都会抵销。银行的活期存款规模不会剧烈波动，银行不用过于担心其流动性问题[①]——除非银行发生挤兑，但即便如此，银行也可以通过向同业借款[②]，向央行求助的方法来度过流动性危机。

活期存款占比[③]较大的银行，其在降息周期下利差下降更快**且更多**，在升息周期下利差上升更快**且更多**。同样的道理，长期贷款占比[④]较大的银行，其在降息周期下利差下降速度更慢，在升息周期下利差上升也更慢。

银行的财报中，还可以找到各种存贷款的利率数据，例如招行：

	2015 年			2014 年(重述)		
	平均余额	利息收入	平均收益率%	平均余额	利息收入	平均收益率%
	(人民币百万元,百分比除外)					
公司客户存款						
活期	1,027,006	6,965	0.68	864,524	6,186	0.72
定期	1,211,447	39,038	3.22	1,169,137	41,381	3.54
小计	2,238,453	46,003	2.06	2,033,661	47,567	2.34
零售客户存款						
活期	711,460	2,971	0.42	588,039	2,799	0.48
定期	400,385	11,474	2.87	434,934	13,736	3.16
小计	1,111,845	14,445	1.30	1,022,973	16,535	1.62
客户存款总额	3,350,298	60,448	1.80	3,056,634	64,102	2.10

① 银行的监管指标中，也有关于流动性的要求。对于银行股投资者来说，稍微了解就行。

② 就是在负债端中，用同业负债来替代存款。银行遇到流动性不足时，不会采用低价变卖贷款等资产的方式来救急。

③ 活期存款占有息负债的比例。

④ 长期贷款占有息资产的比例，长期贷款一般于次年 1 月 1 日重定价。

续表

	2015 年			2014 年(重述)		
	平均余额	利息收入	平均收益率%	平均余额	利息收入	平均收益率%
	(人民币百万元,百分比除外)					
公司贷款	1,483,592	76,943	5.19	1,448,378	82,168	5.67
零售贷款	1,087,562	78,076	7.18	860,497	63,630	7.39
票据贴现	120,304	4,866	4.04	91,772	5,131	5.59
贷款和垫款	2,691,458	159,885	5.94	2,400,646	150,929	6.29

从以上存贷款数据也可以看出，招行的零售业务占比较大，其中零售存款占33.2%，零售贷款占40.4%。

二、同业负债与同业资产匹配

无论是同业负债还是同业资产，其流动性都远好于存款及贷款。银行在同业业务中调整资产及负债的规模，又或者更换交易对手，都比对存贷款做调整来得容易。因此，我们可以将同业资产及负债匹配来看。

同业资产与负债之间的利差较小，许多银行甚至是倒挂的。同业业务的本意是融通同业资金，增强银行业内部的流动性，所以当一家银行流动性紧缺时，以相对较高的利率向同行借入资金并不奇怪。同业资产与负债之间出现利率倒挂，纯属无奈之举。

同业业务虽然利差低，甚至利率倒挂，但其也有几个优点：一是同业业务耗费的业务及管理费，几乎可以忽略不计；二是同业资产的信用加权风险权重相对较低[1]，资本消耗少；三是同业资产坏账率低，资产减值损失少[2]。正因为此，许多银行主动发展同业业务，其同业资产、负债的占比已经远远超出了流动性管理需要。

---

① 仅指交易对手是银行（其他金融企业除外）的同业资产。

② 在不发生系统性风险（金融危机）的情况下。

这些资金光在银行体系内运转是没有意义的，同业业务最终端还是要对接到实体经济中去。同业业务并不是所有银行都能做好，它们有盈也有亏。在第五章中，我们提到了赚取同业利差的几种可能途径，在这里，我们需要再次注意这些同业资产及负债的利率情况。2015 年招行的同业负债利率为 2.27%，同业资产利率则为 2.53%，还是有微小的正利差。如果某家银行主动发展同业业务，但利率是倒挂的，那么投资者可以认为其同业业务是阶段性失败的——这家银行只要同时减配同业资产和负债，就可以提升净利润。

虽然同业业务的坏账率低，资本消耗少，但如果利差太薄，对银行来说也是不划算的——最终落到“加权风险收益率”上还是偏低的，获利能力反不如其他业务。

三、资产与负债的杂配

除了上面说的贷款、同业资产外，银行还有一些大块资产找不到固定的负债匹配项，它们主要是存放央行的款项、债券和应收款项类投资。其中，存放央行的款项是受限于存款准备金率，这在银行资产配置中是强制要求的（变动余地不大）；债券被分派到可供出售金融资产、持有至到期投资等多个资产科目中；而应收款项类投资科目下则包含资产管理计划、信托受益权、债券等多个品种。

我们再来看看负债端。银行的有息负债主要被存款和同业负债①两个大项目占据了，例如招行这两项分别占总负债的 72.3%、24.0%（财报第 22 页），没有新的负债项可以和这些剩余的资产项匹配。

其实，银行的存款量与其贷款量并不相等，比如目前的银行贷款一般

---

① 一些银行的负债中，“对外发行债券”占比较大，其中主要是特别金融债券、同业存单等，它与同业负债类似。

小于其存款的 75%。这还得从“贷存比[①]”这个监管指标说起，它出自《中华人民共和国商业银行法》，规定商业银行[②]的贷款不能超过其存款的 75%，即贷存比不能高于 75%。虽然 2015 年 10 月 1 日新修的《银行法》已经废除了这一条，但短期内银行的贷存比并没有出现太大变化。此外，银行的同业资产和负债也不一定总量相近，有的同业资产多于负债，有的则反过来。

我的思路是，先将存款和贷款抵扣掉，再将同业负债和资产抵扣掉，看看还余下多少存款和同业负债（同业负债可能为负值），再拿去跟资产端的剩余大项进行比较。我们来看 2013 年交通银行的年报（对应财报第 37 页）

存款 - 贷款 = 37647 - 31797 = 5850（亿元）

同业负债 - 同业资产 = 11108 - 4242 = 6844（亿元）

交行的存款和同业负债分别占总负债的 78% 和 23%[③]，平均付息利率分别为 2.14% 和 3.96%。而交行除去存放央行的款项、贷款和同业资产外的主要资产大项，是证券投资（债券），共计 9449.5 亿元，收息利率为 3.86%。3.86% 的收息利率低于同业负债 3.96% 的付息利率，这里产生了近 6800 亿元的资产利率倒挂，如果交行同时减配 6900 亿元的债券和同业负债，不仅能获得正收益，还能提高各级资本充足率。

同样我们再看看 2013 年的建行（对应财报第 16 页）：

---

① 也常称为“存贷比”。许多读者容易把“存款准备金率”和“贷存比”搞混。存款准备金率是指每 1 元存款，对应须交给央行的比例；而贷存比则是贷款总量和存款总量的比值。比如以下两条监管指标并行：存款准备金率为 15%，贷存比不高于 75%——那么银行收进 100 元存款，可以交给央行 15 元，剩下 10 元配置债券、同业资产都行。另外，如果只有存款准备金率 15% 这一条监管指标，贷存比甚至可以大于 100%。银行怎么做到的呢？注意：没有规定银行一定要用收到的存款去放贷，银行发放的贷款是资产端，而负债端则可以用对外发行债券（如三家政策性银行）、向同业借款、向央行再贷款来匹配，进而突破 100% 的贷存比。

② 国开行、进出口行、农发行三家政策性银行不受限制。

③ 这两者相加确实超过 100%，财报注解中说剔除代理客户理财产品的影响。

存款－贷款＝116907.2－81041.7＝35865.5（亿元）

同业负债－同业资产＝8855.2－7686.6＝1168.6（亿元）

建行的存款和同业负债分别占总负债的90.0%和6.8%，平均付息利率分别为1.89%和2.50%。而建行除去存放央行的款项、贷款和同业资产外的主要资产大项，是债券投资，共计29295.13亿元，收息利率为3.74%。建行3.74%的债券收息利率虽然低于交行，但其主要由低利率的存款来承担，利差为正且超过1.8%。

除去前面提到的这些有息资产和负债，银行的无息资产和负债主要是在业务开展过程中形成的，比如现金、贵金属、无形资产、商誉、应付职工薪酬、应交税费等，它们的总量较少。此外，银行的资产总是大于负债，因为银行还有不用付利息的股东权益。但是投资者不需要将股东权益去和有息资产进行匹配分析，一方面，银行除了现金分红和亏损外，无法减配股东权益，也不会有哪家银行从资产配置的角度去同时减配资产和股东权益；另一方面，各家银行都有不用付利息的股东权益，这一块的横向比较主要从资本充足率、杠杆率等其他角度去分析。

银行资产与负债的“长短配”

接触过按揭贷款的人都知道，如遇央行调息，按揭贷款利率也会相应调整。银行采用最多的方式，是次年1月1日开始采用新利率。如2015年央行共调息了5次，但已办理完毕的按揭贷款则从2016年1月才开始采用新利率。再来看看我们手头上的存款，活期存款利率在调息后立马调整，未到期的定期存款仍采用存入时的初始利率，新存入的定期存款则根据当时的新利率计算。

以上即是银行资产及负债利率重定价的一个缩影。在升息周期或降息周期，银行有息资产和负债的利率也会随着央行发布的基准利率而变化。但这个利率变动并不是一夜之间完成的，它有一个陆续到期调整的过程，我们管它叫利率重定价过程。

我们前面提到过，一般在降息周期银行的净利差也会相应缩窄。但这个缩窄的过程有长有短，有些银行半年之内就调整到位，有些银行则慢慢缩窄，调整过程甚至持续一两年之久，这是为何？

银行利率重定价速度不同，主要原因还是它们的资产和负债在期限配对上的差异。不管是资产还是负债，期限越长则重定价所需的时间也越长。

我们都很熟悉存款的重定价过程，这里主要来看看其他资产及负债的情况：

（1）贷款。短期贷款（一年以内）一般不调整利率，到期后（续借）自动换为最新利率。长期贷款一般每年 1 月 1 日重定价，也有的约定央行调息的次月就进行重定价的。

（2）同业资产及负债，按其约定。同业业务的市场化程度较高，多根据市场利率（供需）而定，且期限偏短。所以银行股投资者可以大致认为：期限越短的同业，重定价速度也更快。

（3）债券。短期债券多不调息，大多数长期债券也不调息，当然也有一些债券是浮息债。

因为在银行的财报中，不可能将每笔资产负债的具体期限信息列出，**所以银行股投资者可以这样大致理解：**一部分贷款在半年之内完成重定价，另一部分基本在次年 1 月完成重定价；同业资产及负债、还有债券的重定价，多数跟着期限跑。

在降息周期，银行宜“借短配长”，即多配置短期限的负债和长期限的资产。这样的话，负债端的付息利率会先行下降（支出先降），资产端的收息利率还能撑一会（收入再坚持坚持）。反之在升息周期，银行宜

“借长配短”。但是需要注意，不管是“借短配长”还是“借长配短”，都只能在短期内占点便宜——当调息周期结束，长期限的资产负债陆续完成重定价以后，银行的净利差会归于正常。

我们在招行 2015 年年报第 311 页①可以找到下面这张表：

	本集团					
	2015 年					
	合计	3 个月或以下(包括已逾期)	3 个月至 1 年	1 年至 5 年	5 年以上	不计息
资产						
现金及存放中央银行款项	584,342	544,820	—	—	—	39,522
应收同业和其他金融机构款项	593,396	535,143	45,374	10,168	702	2,009
贷款和垫款(注)	2,739,444	1,647,629	905,992	176,721	9,102	—
投资(含衍生)	1,440,803	493,957	252,123	380,022	296,912	17,789
其他资产	116,993	—	—	—	—	116,993
资产总计	5,474,978	3,221,549	1,203,489	566,911	306,716	176,313
负债						
应付同业和其他金融机构款项	1,138,584	871,075	254,003	9,202	—	4,304
客户存款	3,571,698	2,596,345	603,585	357,570	6,088	8,110
以公允价值计量且其变动计入当期损益的金融负债(含衍生)	27,802	6,620	6,228	6,551	388	8,015
应付债券	251,507	97,439	108,411	21,425	24,232	—
其他负债	123,629	102	22	68	26	123,411
负债总计	5,113,220	3,571,581	972,249	394,816	30,734	143,840
资产负债缺口	361,758	(350,032)	231,240	172,095	275,982	32,473

上表中详细地记录了招行的“长短配”。我们从最后一项的“资产负债缺口”中，可以很容易看出招行资产负债的期限配置情况。在查看缺口

① 大多数银行财报，只要搜索“利率风险”，都可在附注中找到。

时，别忘了资产的总量是大于负债的，因为负债加股东权益才等于资产。

如果你觉得逐项分析上面这些资产和负债太麻烦，那么还有更简单的方法，也是在财报里找，各家银行的财报都有“利率敏感性分析”，例如招行 2015 年年报在第 315 页：

本集团采用敏感性分析衡量利率变化对本集团净利息收入的可能影响。下表列出本集团于二零一五年十二月三十一日和二零一四年十二月三十一日按当日资产和负债进行利率敏感性分析的结果。

	2015 年		2014 年	
	利率变更(基点)		利率变更(基点)	
	25	(25)	25	(25)
按年度化计算净利息收入的(减少)/增加	(1,042)	1,042	(995)	995

以上敏感性分析基于资产和负债具有静态的利率风险结构。有关的分析仅衡量一年内利率变化，反映为一年内本集团资产和负债的重新定价对本集团按年化计算净利息收入的影响，基于以下假设：

(i)所有在一年内重新定价或到期的资产和负债均假设在有关期间开始时重新定价或到期；

(ii) 收益率曲线随利率变化而平行移动；及

(iii)资产和负债组合并无其他变化。

基于上述假设，利率增减导致本集团净利息收入出现的实际变化可能与此敏感性分析的结果不同。

我们看到，招行以 2015 年末的资产负债配置，利率下降 25 个基点(0.25%)，净利息收入反而增加 10.42 亿元——这就是借短配长的结果。但是投资者也要注意，这里的利率敏感性分析是银行基于众多假设做出的基于期末节点的静态分析，主要目的是为表示资产及负债的重定价速度，实际情况可能与分析结果存在差异。而且这里的“利率变更”25 个基点，也并不一定是指按照央行调息那样去变动。兴业银行的年报中则有说明，是指除活期存款外，其余资产与负债的利率均平行移动相同的基点；浦发银行则注明，活期存款和央行存款准备金利率保持不变。

招行财报中的利率敏感性分析只列出利率变动对净利息收入的影响，

实际上银行还有很大一块资产是有价债券，这些债券的价格也会随利率变化而波动。我们来看看中信银行2015年年报第344页：

	2015年12月31日		2014年12月31日	
	利息净收入	其他综合收益	利息净收入	其他综合收益
上升100个基点	(2,753)	(906)	(552)	(686)
下降100个基点	2,753	906	552	686

由于其他综合收益主要是由债券产生的，所以它只能与利率呈反向变动——即利率上升，其他综合收益为负①。这一点不像净利息收入那样可正可负。我们看看兴业银行2012年年报第177页：

本集团	12/31/2012		12/31/2011	
	利息净收入 增加/(减少) 人民币百万元	其他综合收益 增加/(减少) 人民币百万元	利息净收入 增加/(减少) 人民币百万元	其他综合收益 增加/(减少) 人民币百万元
收益率上升100个基点	4,084	(3,413)	5,080	(3,752)
收益率下降100个基点	(4,084)	3,639	(5,080)	3,980

由于2012年还没形成明显的降息趋势，兴业银行在期限配置上还没有做过多的借短配长，所以净利息收入与利率还是正向变动，但其他综合收益则必定与利率呈反向变动。

这里需要补充一点，因为同业业务的利差较薄，所以同业业务的在长短配的作用下，效果很明显。例如，同业业务利差只有0.5%的情况下，央行连续快速降息两次（共计0.5%），引导市场利率下降。如果银行的同业负债陆续先重定价，而同业资产则还可以坚持坚持，那么在重定价的时间差下，这部分同业净利差增大了约一倍（短期）。

以上只是最乐观的分析。实际上银行为了维持流动性，其同业业务也

① 债券价格必然与利率呈反向变化，即市场利率上升，债券价格反而下降——债券价格下降是对其收益率的弥补。反之类同。

只能错配一部分，不可能整体同业净利差都如此飙升。而且这种影响都是短期的，大部分在三至六个月内释放完毕。不过因为这个原因，兴业银行曾多次在降息的情况下，交出过比同行更亮丽的成绩单。

同业业务并不是一件容易的差事。前面我们提过了，它的利差偏小。银行在开展同业业务时，还需对利率敏感并做出正确的预测，否则就是“辛辛苦苦大半年，调息一次解放前”。

第九章

银行和投资者都喜欢的非息业务

中间业务收入有哪些特点？

中间业务，指不构成商业银行表内资产、表内负债，形成银行非利息收入的业务①。我们常常说中间业务收入，其实准确的说法应当是“中间业务净收入”②，即中间业务收入减去中间业务支出后的净值。被计算在营业收入中的只有这个相减后的净值，营业支出（或营业成本）中没有中间业务支出这一项。这一点跟净利息收入类似。

很多投资者都喜欢银行的中间业务收入。大多数人印象中，银行的中间业务就是一些收手续费的项目，如挂失卡片收收费，跨行取款收收费之类——不需要消耗资本金，又不用承担风险，所以中间业务越多越好。特别注意，这种看法欠准确！第一，很多中间业务都消耗资本金，只能说中间业务作为一个整体来看，其消耗的资本金相对较少；第二，某些中间业务也是需要承担风险的，甚至风险比存贷款还更高，只能说中间业务作为一个整体来看风险较低。

总体来说，中间业务丰富的银行，其盈利渠道更多更强，受经济周期的影响更小。由此衍生出两个评判指标，一个是中收占比——即中间业务净收入占营业收入的比重。另一个是非息收入占比——即非利息净收入占营业收入的比重。这两个指标不是上级部门的监管要求，而是投资者研究银行股时的一个横向比较项目。许多投资者把这两个概念混淆在一起讨论，这里要说一下两者的区别。非息收入是指净利息收入以外的营业收

---

① 该解释出自《商业银行中间业务暂行规定》，2001 年发布，2008 年被中国人民银行公告〔2008〕第 5 号废止，未找到后续相关文件。2013 年银行业协会的《中国银行业中间业务自律管理办法》中沿用了该解释。

② 本章后文中提到的中间业务收入，非息业务收入，均指净收入。

入，包括手续费及佣金收入、投资损益、公允价值变动损益、汇兑损益、其他业务收入这几项。一般来说，投资损益和公允价值变动损益这两项主要由债券价格波动带来，它们属于非息收入，不应当算作中间业务收入①。

初解各类非息收入

这里先提一下，不要把非息收入和营业外收入给搞混了。非息收入毕竟还是主营业务收入，是银行的主业——尽管有些银行的非息占比不足10%。而营业外收入则是银行主业以外产生的，里头最主要的一块是“处置固定（含抵债）资产净损益”，也就是处置收入跟抵债资产账面价值的差额。除此之外还有一些比如久悬未取款收入（支出）、政府奖励或补助、捐赠支出等。营业外净收入一般都比较小，而且是非连续性的，银行股投资者可以忽略（除非金额较大）。

我们可以将非息收入分作两大块，一块是净手续费及佣金收入，一块是其他净收入。先来看招商银行的净手续费及佣金收入（财报第25页）：

	2015年	2014年 重述
	（人民币百万元）	
手续费及佣金收入	57,798	43,341
银行卡手续费	9,562	7,692
结算与清算手续费	3,799	4,116
代理服务手续费	13,681	7,017
信贷承诺及贷款业务佣金	4,215	4,204
托管及其他受托业务佣金	18,644	13,033
其他	7,897	7,279

① 参见2015年浦发银行年报第22页。

续表

	2015 年	2014 年 重述
	（人民币百万元）	
手续费及佣金支出	（4,379）	（3,847）
净手续费及佣金收入	53,419	39,494

（1）**银行卡手续费**。这里招行的银行卡手续费主要是信用卡刷卡费。信用卡的收入来源有两大块，一块是刷卡手续费，这是向商家收取的；另一块则是刷卡分期手续费或现金分期手续费，这是向信用卡客户收取的。2015 年开始，招行将分期收入这一块划入净利息收入，手续费收入中只保留刷卡手续费。其他银行，有类似招行这样分开处理的，如浦发银行；当然也有将两者都计入中间业务收入的——但大部分是没讲清楚的，因为它们在信用卡方面的信息披露较少。

注意，以上两种划分方式的不同，会影响中收占比的统计口径。投资者在横向比较各银行股中收占比时要留心，因为信用卡是银行的一项大业务，对最终结果的影响不小。

除国有四大行有一些储蓄卡刷卡费、年费外，其他股份行的银行卡手续费基本都由信用卡业务产生。例如 2015 年招商银行银行卡手续费 95.62 亿元（财报 25 页），而其信用卡非利息业务收入为 95.98 亿元（财报 62 页）①；浦发银行银行卡手续费 66.83 亿元，而其信用卡中间收入（非息）为 62.12 亿元。有很多银行的财报并未披露详细信息，大体上情况应该差不多。

信用卡业务不仅消耗资本金，其不良率也常常大于普通贷款。信用卡是银行一项较为重要的业务，后面还将详细讲解。

（2）**结算与清算手续费**。银行的结算与清算业务，究竟包含一些什么

① 年报中的数据就是如此。

内容呢？这一点在各银行财报中很少提及，但我们在《商业银行资本管理办法（试行）》的附件12中，找到了相关的内容：

债券结算代理、代理外资金融机构外汇清算、代理政策性银行贷款资金结算、银证转账、代理其他商业银行办理银行汇票、代理外资金融机构人民币清算、支票、企业电子银行、商业汇票、结售汇、证券资金清算、彩票资金结算、黄金交易资金清算、期货交易资金清算、个人电子汇款，银行汇票、本票、汇兑、托收承付、托收交易、其他支付结算业务。

结算与清算业务，也是要消耗资本金的。还记得吗，加权风险资产分三大类，除了主要的信用风险加权资产，还有“操作”“市场”两大风险加权资产。结算与清算业务正是计入“操作风险加权资产”，开展此项业务须消耗银行资本金。

普通银行股投资者并不需要掌握操作风险加权资产的具体算法，而且也缺乏对应的研究资料。我们了解以下这点就行：这项业务消耗资本金相对较少，风险也较低——但它不是没有风险。《商业银行资本管理办法（试行）》附件12中就列举了内部欺诈事件、外部欺诈事件、信息科技系统事件等多种风险，而这些风险事件也在现实中发生过。

（3）代理服务手续费。我们去银行办理业务，或使用其网上银行，也能买到一些基金、保险产品。这里的代理服务手续费，主要是代理销售基金、保险、信托计划、贵金属（含纸贵金属）等金融产品，此外还有代发工资、代收税费等。代理服务业务风险较低，但同样要计入少量操作风险加权资产。

（4）信贷承诺及贷款业务佣金。主要是一些如承兑汇票、保函、信用证等表外项目带来的手续费，详情可参见2015年招行年报第299页、第300页。该项业务也须消耗银行的资本金。第六章我们提过，对应的表外项目需要乘以它的“信用转换系数”，再按对应的表内资产计算信用加权风险资产。就风险方面来说，它跟普通的短期贷款是类同的，只不过银行开展此类业务往往是针对手头上已有的、知根知底的客户，甚至还有一定的抵押（如“限制性存款”）。

不同的银行财报，对这一块业务的称呼可能不同。例如中信银行是“担保手续费”，光大银行则是“承兑及担保手续费”。

（5）托管及其他受托业务佣金。还记得我们去券商开通股票账户时，需要到银行办理一个“第三方存管”吗？客户炒股的资金实际没有在券商口袋里，而是被托管在银行。这样做主要是防止券商挪用客户资金。与之类似的托管业务还有基金托管、QFII 托管、QDII 托管、企业年金托管、代保管、保管箱业务等。

招行此处的“其他受托业务”，主要包含销售理财产品的手续费收入。有些银行的财报将理财业务单独列出，如浦发银行的“资金理财手续费”、民生银行的“理财产品手续费”等。而兴业银行则将理财服务手续费包含在“咨询顾问手续费”中。银行销售的理财产品，虽然是从银行发出来的东西，但应当理解为受客户所托“理财”。理财产品的风险和收益均由客户承担，银行只是收取一定的手续费。按道理说，这是一个稳赚不赔的生意。感兴趣的读者可以查询银监发〔2013〕8 号文，《中国银监会关于规范商业银行理财业务投资运作有关问题的通知》。文中要求商业银行必须隔离风险，不得提供任何直接或间接、显性或隐性的担保或回购承诺。凡“保本型”理财产品，必须转入表内处理。这也是为何 2013 年年报时，许多银行的资产负债表内多了很多“理财产品”①。

但是由于一些银行职员为了促进成交，故意淡化理财产品的风险，甚至混淆理财产品和存款，所以一旦出了问题客户就会跑去银行闹事。另一方面，银行为了维护自身声誉，也为了不影响其他理财产品销售，常常把这些出了问题的理财产品自己扛下来。这种行为也就是我们常说的“刚兑”。

---

① 本书第四章中有相关内容。

关于理财产品，银行财报里披露的信息很少，一般只有总销售规模、总存续规模、手续费收入金额等。随着金融脱媒的发展，理财产品的规模越来越大。许多投资者对这一块十分担心，认为它是看不见摸不到的“黑箱”——比如说，一场装了“资金池业务”的庞氏骗局①；银行的“表表外”② 等。对于这些说法，我既无法证实也无法证伪，如果你真的担心这些问题，认为银行无法隔离这些理财产品的风险，那么我建议远离银行股。股票投资就是得睡得着觉，不熟不做，不放心不做。

除了大头的理财产品，“其他受托业务”中还包括了委托贷款，即 A 提供资金，委托银行贷款给 B。

以上这些业务同样要计算少量操作风险加权资产。保本型理财产品并入了银行的资产负债表内，但其他风险隔离的理财产品甚至不在表外项目中，不用计算信用加权风险资产。在风险方面，除理财产品可能有一些“刚兑风险”外，其他业务风险较低。

（6）其他。招行财报中未包含的手续费及佣金收入，还有投行类业务手续费（公司上市前辅导，如招商的千鹰展翅，兴业的芝麻开花）、财务顾问服务费、债券承销及咨询费等。如果银行旗下还有信托子公司、金融租赁子公司，那么还会有对应的信托手续费、租赁手续费等（如兴业银行），这些手续费实际是子公司收取的。

关于财务顾问费，以前曾经几乎是“贷款附加费”的代名词，相当于把一部分贷款利率放到收费项目中了。2012 年初，银监会曾下发《中国银监会关于整治银行业金融机构不规范经营的通知》（银监发〔2012〕3 号），对银行的“乱收费”进行整治，也就是业内说的“七不准”“四公

---

① 资金池，即把所有资金汇集到一起，像蓄水池一样。资金在蓄水池里流进流出，相对稳定。资金池中一部分资产出了问题，资金池还能继续运作。这在一定程度上掩盖了问题的严重性，直至事态一发不可收拾。庞氏骗局，即拆东墙补西墙，用后来人的钱兑付给前面的人。

② 意指表外的表外。

开”。感兴趣的读者可在网上搜索相关内容。

其实直到现在，银行还是更喜欢将一部分利息收入改成手续费来收取（息转费），一是手续费可以提前一次性收取，而利息则需要慢慢累计；二是一部分中间业务收入耗费资本金少，风险低，所以银行自身对员工有绩效考核。不排除银行职员为完成内部绩效指标，上有政策下有对策。这些息转费不一定都是财务顾问费，也可能插在其他的中间业务收入项目中。

除了以上手续费及佣金收入外，还有一些非息收入，主要包括“公允价值变动”“投资收益”“汇兑净收益”等。有的银行财报将这三项和手续费及佣金收入并行列示，而招行则将它们并入“其他净收入”。我们来看招行2015年年报第26页：

	2015年	2014年
	（人民币百万元）	
公允价值变动净收益/(损失)		
指定为以公允价值计量且其变动计入当期损益的金融工具	22	(438)
交易性及衍生金融工具	1,098	156
贵金属	196	590
投资净收益/(损失)		
以公允价值计量且其变动计入当期损益的金融资产	1,839	1,541
贵金属	(8)	(51)
可供出售金融资产	611	(145)
长期股权投资	136	177
票据价差收益及其他	4,549	4,240
汇兑净收益	2,398	2,467
其他业务净收入/(损失)		
保险营业收入	498	474
经营租赁及其他	(16)	156
其他净收入总额	11,323	9,167

其中“公允价值变动”“投资收益”主要指的是一些有价证券（主要

是债券）因价格变动而产生的损益（含浮动盈亏，都计入净利润），这在第七章中我们已经讲过。招行这里的投资收益里，还有一项“票据价差收益及其他”，金额也比较大。银行财报这个地方的投资收益，还包含了“对联营公司和合营企业的投资收益”，即旗下未并表的参股企业贡献的利润（投资收益）①，这些未并表的股权在资产表中列入“长期股权投资”。

汇兑净收益是因为银行开展外汇业务时，自己手头也持有一些外汇头寸，或远期合约等。如果外币升值（人民币相对贬值），持有净头寸时可获得正的汇兑净收益，反之则产生损失。此外，一些银行发放了外币贷款，也会产生汇兑损益。

招行财报此处还有一项其他业务净收入，分别是保险营业收入、经营租赁及其他，这两项分别是招行旗下的保险子公司、金融租赁子公司产生的收入。

银行的中间业务是暴利吗?

从招行2015年年报（25页）中我们看到，其手续费及佣金收入为577.98亿元，而手续费及佣金支出却只有43.79亿元，还不足收入的10%。翻开其他上市银行的财报，也都是如此景象。因此，许多投资者觉得中间业务是暴利业务，更像是不需要什么成本的“乱收费”项目。然而，事实真的如此吗?

还记得前面我们讲过的利差业务吗?净利息收入等于利息收入减去利息支出。这里的净手续费及佣金收入也是一样，等于对应的收入减去支

① 对旗下参股企业的投资收益有权益法、成本法两种核算方法，权益法是将参股公司的净利润计入投资收益，成本法则是以收到的股利作为投资收益。两种核算方法相应还有一些其他会计处理，比如调整投资成本等。

出。但是，这些支出并不是成本的全部。银行打开门做生意，必须自建或租赁网点、招募员工、购置办公用品等。比如招行2015年年报第288页：

45 业务及管理费

	本集团		本行	
	2015年	2014年	2015年	2014年
员工费用				
－工资及奖金	21,548	19,968	19,979	18,797
－社会保险及企业补充保险	4,779	4,426	4,722	4,382
－其他福利	5,067	4,785	4,908	4,674
	31,394	29,179	29,609	27,853
固定资产及投资性房地产折旧	3,496	2,944	2,942	2,562
租赁费	3,842	3,349	3,699	3,234
其他一般及行政费用	17,009	15,184	16,127	14,517
	55,741	50,656	52,377	48,166

只要银行的分支行数量和员工数量保持不变，这些费用都是比较固定的。而且它们并没有被算进利息支出，或是净手续费及佣金支出当中。这就好比你开个小卖店，一天下来如果啥都没卖出去，你得亏掉500元租金和200元员工工资。如果第二天你只卖出去一封利是红包，这是你以1元钱40封的价格进货的，卖价却是1元1封，提价了39倍，但你能说这算暴利吗？别忘了你今天又亏掉了500元租金和200元员工工资①。

对于“暴利”，只要合法，投资者不仅不该唾弃，反而应当喜欢。只是这里要提请读者注意，思考问题的路径不能出问题。暴利不暴利，最终是看ROE②，而不是利润率③，更不是这里的净收入。

① 可参考前作《投资第一课》一书中第八章第一节“固定成本与重资产”。

② 即净资产收益率，即净利润除以加权股东权益，用以衡量股东权益所获回报的多少。

③ 不看周转率，光说利润率的都是耍流氓。

中间收入的稳定性

银行的中间业务收入依附于客户的数量及其资金量之上，而银行的利差业务也依附于此。银行的客户数量及资金量的多少，很大程度体现在银行的总资产规模上。所以银行中间业务收入的总体趋势是，**与总资产规模同向增长**。我们可以把总资产规模看作银行中间业务的基础，把中收占比看作银行发展中间业务的深度。

综观整个银行业（央行及银监会数据），乃至各上市银行财报，银行的资产规模都是按年逐级递升的。同时银行的中间业务收入也是逐年增长，且增长速度快于资产规模增速，也快于营业收入增速——具体表现就是中收占比还在不断提升，整体银行业的中收占比从 2011 年一季度的 17.5%，至 2015 年四季度已达 23.73%。近五六年的大致趋势是：早年四大行的非息占比原本比较高，但它们提升缓慢；总体而言，股份行的非息占比提升较快（初值较低），一部分股份行提升尤为迅速；许多城商行、农村合作银行等，非息占比仍然较低，处于未发力状态。

银行中间业务的稳定性好，总体而言风险较低（信用卡业务除外），受经济周期波动的影响较小。而银行在利差业务方面，不论是净利差，还是资产不良率都会受到经济周期影响，所以银行的净利润也会呈现周期性波动。相对来说，中收占比高的银行，其业绩在经济波动中受到的影响更小①。

不过需要注意，一部分中间业务也会呈现阶段性波动，这些业务主要与股市相关，如代销基金等。一般而言，这些波动较大的业务在整个中间

① 当然也受其他因素影响。

业务中的占比不大。如果某银行的中间业务收入出现大幅波动，那么它很可能是出于“调节”利润的目的。

非息收入中还有一个汇兑损益，这一项目并不稳定，投资者在阅读财报时可以将其视为非经常性损益[①]。这个项目有时数额还比较大，比如2015年兴业银行年报中，汇兑损益为－28.5亿元。我们可以在银行财报的附注中找到外汇资产的净头寸，以及汇率风险分析。商业银行持有的外汇资产，许多都是开展外汇业务需要（有手续费收嘛）。有时汇兑损益表现为亏损，但它可能只是银行外汇对冲的一个面，说不定在手续费或投资收益（如外汇衍生工具的投资收益）等其他地方贡献了正收益。对于外汇净头寸占总资产、净资产比例较小的银行股[②]，我觉得没有具体分析的必要。我们来看招行2015年的汇率风险分析（财报第326页）：

	2015年		2014年	
	汇率变更（基点）		汇率变更（基点）	
	(100)	100	(100)	100
按年度化计算净利润的增加/（减少）	94	(94)	37	(37)

上表可见，汇率变动100个基点，对招行净利润的影响约为0.94亿元，不足全年净利润的千分之二。

详解信用卡业务

在前作《理财不用懂太多》一书中，主要站在客户的角度来看信用

① 即一次性损益，非连续性、无趋势的损益。

② 中国银行的国际业务比重较大，外币资产较多（占总资产的25.1%），可适当考虑汇率风险。

卡。在这里，我们先稍微了解一下信用卡的盈利模式，然后从投资者的角度来看银行的信用卡业务。

对于银行而言，信用卡业务的收入来源主要有两块：一是向商户收取的刷卡手续费；二是向客户收取的分期收入（含现金分期）。

首先，我们看刷卡手续费。

客户刷卡后，可拥有 20 至 50 多天的免息期[①]。大多数商户不会对使用信用卡的客户收取额外费用，有时反而给予更高的优惠[②]。所以对于信用卡客户而言，这就是一笔免息贷款。但是，银行却需要为这笔免息贷款埋单。客户已刷卡且尚未还款的金额，需要计入“信用卡贷款”项目，它是“贷款与垫款”项目下的一个子项。截至 2015 年末，招商银行的信用卡贷款余额共计 3132.44 亿元（财报第 40 页），这里面包括处在免息期的未还款，也包括选择分期付款的信用卡贷款。

第一，这一笔“信用卡贷款”，银行需要计提 75%[③]（权重法下）的信用风险加权权重，它消耗资本金；第二，资产和负债的规模总是对应的，银行还要支付对应负债端的利息成本，招行 2015 年的平均付息成本为 2.13%；第三，银行还需付出开展信用卡业务的运营成本，如员工工资、信用卡促销活动等；第四，信用卡业务也有不良贷款，2015 年末招行信用卡不良率为 1.37%。

客户在信用卡刷卡消费后享有免息期，刷卡手续费只是对银行这些成本的补偿。虽然这些刷卡手续费被计入了非息收入，但**它既消耗资本金，又必须支出利息，花费运营成本，产生不良贷款，所以它的本质更像利差**

① 免息期 = 刷卡日距账单日的时间（0 至 30 天）+ 账单日至还款日的时间（约 20 至 26 天）。如果刚过账单日后刷卡消费，即可获取最长免息期。

② 难道商户是冤大头？不是的，其实这是由商业模式决定的，感兴趣的读者可翻阅《理财不用懂太多》一书第 9 章。

③ 还记得吗，信用卡未使用额度也要通过信用转换系数来计算风险加权权重，它也要占用的资本金。如果算上这一块，信用卡消耗的资本金还会更高。

业务。2015 年招行信用卡刷卡额共计 18195 亿元（财报第 62 页），而对应的刷卡手续费收入为 95.98 亿元，相当于平均刷卡手续费收入①为 0.528%。如果按平均免息期 30 天测算，这些手续费换算成贷款利率约合年化 6.33%②。

其次，我们再来看分期收入。

如果银行信用卡业务光靠刷卡手续费，那么这块业务早就亏惨了。信用卡属于零售业务，耗费大量人力物力。我当初办理了一张招行信用卡，工作人员专门跑了一趟，上门服务。如果算上他的交通时间，差不多用掉大半个下午。此外，各家银行还提供各种新开卡奖品，如送背包、送化妆品等，甚至还有直接送 100 元刷卡金的。

从刷卡手续费看，银行的利润微乎其微。为何各家银行挤破了头似地发展新客户？原因就出在分期收入这一块！除了免息期，客户如果还想找信用卡借钱，就只有两种方式。一种是现金分期，它的成本约是每天万分之五，年化以后约为 18%。另一种是消费分期，年化后的费率也在 16% 至 18% 之间③。**对于银行来说，这一业务的借款利率远高于普通贷款，可以看作高息贷款**。例如，2015 年招行的信用卡利息收入达 267.29 亿元，相对于其信用卡贷款总规模④，收益率约为 10.03%。也就是说，招行约有一半的信用卡贷款平均余额，是属于正在分期中的未还款。还有另一半，则是处在免息期中的未还款。

基于以上分析，强烈建议投资者在做详细对比分析时，将信用卡的业

---

① 商户缴纳的刷卡费，被发卡银行、收单方（POS 机）等多方分配，其中发卡行约占七成。

② 因为缺乏银行客户平均免息期数据，所以此处为“不靠谱”的测算。2015 年招商银行信用卡平均贷款余额约 2665.66 亿元，包括处在免息期的，也包括在分期中的余额，相对于整个信用卡平均余额而言，刷卡手续费对该资产的营业收入贡献率约为 3.60%（95.98 ÷ 2665.66）。

③ 许多人低估了消费分期的资金利率。信用卡消费分期时，本金逐月偿还，但分期手续费却保持不变——客户的平均借款余额，其实约只有总分期金额的一半。

④ 招行信用卡贷款 2015 年初余额为 2198.88 亿元，年末为 3132.44 亿元，因为缺乏信用卡贷款平均余额数据，这里用年初与年末的平均值估算，即 2665.66 亿元。

务收入从非息收入中划出——不论是刷卡手续费还是分期收入，通通划出来。其他中间业务大多风险较低，资本消耗少，但信用卡业务并非如此。特别是一些信用卡业务比重较大的银行，它们的中收占比指标比较好看，这让许多浅尝辄止的投资者非常舒服。

在这两种收入渠道的支撑下，信用卡的盈利能力究竟如何呢？

自中国银行发行国内第一张信用卡以来，已经有30年历史。各银行跑马圈地，但却经历了二十多年不赚钱的日子——主要原因是新开信用卡的初期费用很高。近些年，陆续有银行宣布旗下信用卡业务开始盈利。

我们先从收入端来看看招行的信用卡业务：

信用卡营业收入÷信用卡平均贷款余额＝

（95.98＋267.29）÷2665.66＝13.63%

13.63%，这就是招行信用卡业务对营业收入的贡献率，它超过了普通贷款的利率。招行是国内信用卡业务的佼佼者，并非所有银行都能做到这么高的收益率。其他上市银行落在12%附近的居多，这里不再一一计算。

遗憾的是，综观各家上市银行的财报，均缺少关于信用卡业务的成本数据，所以很难测算其信用卡业务的盈利能力。好在我们从新闻媒体中了解到一些信息：在2014年中信银行业绩说明会的高管发言稿中，了解到其2014年信用卡业务的税前利润为31亿元。我们按25%企业所得税税率计算，则其税后净利润约23亿元。中信银行2014年的信用卡收入为132.9亿元，平均余额为1063.13亿元。由此推算其信用卡业务的净利润率为17.5%，资产收益率（税后）为2.19%，高于其总资产收益率（1.07%），这些数据可作为银行股投资者的参考。未来中信银行还可能将其信用卡业务划入子公司独立运营，投资者有望获得更多相关数据。

第十章

银行存亡之道，资产质量怎么看？

不良资产，雾里看花

经常有人问我："某某银行真实的不良资产究竟有多少？"很遗憾，这个问题我也回答不了。关于"真实的不良"这个问题，我认为没人能给出答案——不管他是统计局、经济学家、银行行长，还是证券分析师、一线信贷员，都没办法说准确。

这个问题有点像小马过河的故事——河水既不像老牛说的那么浅，也不像小松鼠说的那么深。只能小马亲自走一遭，才知道河水的深浅。至于银行这匹小马，除非它停止运营关门清算，否则它一直在过河路上，永远到不了对岸。在过河途中，河道有深有浅，你若问它"真实的不良"是多少，它会回答你"咴咴"。

银行的资产质量究竟怎样——这是投资银行股最关注的问题之一。其实投资者并不需要掌握具体数字，即使巴菲特投资富国银行时，也不清楚所谓的真实不良有多少。巴菲特当时用的是假设法，在伯克希尔·哈撒韦致股东的信（1990 年）中，他曾写道：

今年富国银行在计提了 3 亿美元的贷款损失准备后，仍然可以获得超过 10 亿美元的税前利润。如果它 480 亿美元的总贷款——不仅仅是它的房地产贷款[①]，而是总贷款——中有 10% 在 1991 年变成不良贷款，且这些不良贷款的本金（含利息）中平均有 30% 最终成为真实损失，富国银行大体上仍能保持盈亏平衡。

虽然我们无法搞清楚"真实不良"是多少，但并不意味着投资者就可以消极对待。资产质量是银行股投资最重要的问题之一，不可不察！我们

① 当时的不良贷款主要发生在房地产领域。

且先雾里看花，以下是银行不良资产的一些特点：

一、收益覆盖风险

一般而言，高风险对应高收益，银行资产也是如此。高利率的资产风险也相对更高，但具体每笔资产对应了多少风险，需要银行去识别，这正是银行风控能力的具体表现。一些银行的不良资产偏多，但只要其收益能覆盖风险，高不良率也不见得是坏事。

二、资产质量情况是动态发展的

在前面的章节，我们提到过银行的资产质量与宏观经济周期是一致的。在经济好的年头，百业俱兴，大多数企业都能获得较好的利润，还款能力也强。但是，一旦遇到宏观经济走弱，或行业内产能过剩等状况，许多贷款企业的还款能力就成了问题。

我们再把问题反过来看，这些还款能力差的企业，银行对它们的债权并不一定最终成为实际损失。如果过一段时间经济转好，它们又可能“活”了过来。这就好像一个骨瘦如柴的小伙儿，吃几顿饱饭以后又能精神焕发。

不少银行股投资者，被业内人士的一些话语吓得不轻。如某银行省级行长说，或某一线信贷客户经理说，银行的“真实”坏账至少10%，或至少20%云云！之所以有这些说法，倒并不一定是他们故意危言耸听。这有点像小马过河的故事，小松鼠会告诉你水太深了，千万不要过河！我认为，在经济走弱时，银行一线员工对不良资产的感官认识会比实际偏高。主要原因有两点：

（1）比如某产能过剩行业，看上去10家企业好像全都还款有困难。这给银行一线员工的感官认识，就是10笔不良资产。但是，这10家企业最终都会变成银行的坏账吗？很显然不会的，只要这个行业未来还能存续下去，10 家企业里倒闭掉两三家，等经济走好，剩下的那七八家又会变成正常的还贷企业。

（2）银行一线员工的感官认识更偏向不良资产的笔数，而不是总量。比如某普通信贷客户经理手头 10 笔贷款，有两笔出了问题，而且周边的同事也差不多是这个情况，就容易得出不良资产率 20% 的结论。但是，在总行、省级分行层面有许多大额的贷款，资产质量却比较好，如对大型水电站的贷款、对铁路总局的贷款等。像这些大额贷款，一笔可以顶数百笔普通贷款。

反过来，在经济繁荣时期，银行一线员工对未来不良资产的感官认识可能过于乐观。一般人容易被较近的事物影响，在逻辑思维上线性外推。在不良率长期较低的情况下，不论银行员工还是投资者，都更倾向于认为：未来的不良率也能保持在较低水平。这种认识会低估银行未来的资产损失。

三、不同时期，各银行的风控能力表现不同

在经济繁荣期，企业的产品供不应求，大家都能吃口饱饭，许多吊儿郎当的企业也有钱赚。这个时候，投资者往往看不清银行的风控能力，它被繁华掩盖了。此时各家银行的资产损失率都差不多，银行的不良情况更多是高利率对应高不良，但收益基本可以覆盖损失。

而一旦经济走软，那些竞争能力较弱的企业，其软肋就会凸显出来。此时此刻，各银行的风控能力才可能出现差异！这跟股市里“退潮的时候才知道谁在裸泳”这个道理是相似的。所以，如果投资者只热衷在经济好的年头比较各家银行的资产质量，那么很可能在经济下坡期被吓一大跳。

四、败者为寇，被淘汰的才是真损失

不管宏观经济是好是坏，总有一些企业是要被淘汰的，只是经济好的

年头淘汰量少一些罢了。这些被淘汰的企业可能是管理体制等问题，也可能是生产效率低下，又或者处于夕阳行业（被新行业更迭）。被淘汰的企业，是竞争中的失败者，它们是相对的弱者。相对弱者的含义是：如果某个行业的生产效率都很低下，那么还是会弱中选弱，而不是整个行业中所有企业都被淘汰（除非被新行业迭代）。银行总有一些贷款投在相对弱者身上，但企业的发展也是动态的，银行无法提前得知哪些企业最终被淘汰[①]——这是银行开展业务必须付出的成本之一。

五、借新还旧是一场庞氏骗局吗？

有一个观点，就是一家企业如果不断用新借的钱去偿还旧有负债，那它就不存在破产倒闭的问题，烂账可以一直捂下去。持有这种观点的人认为，借新还旧本质就是一场庞氏骗局。

全社会的各类企业在经营过程中，或多或少需要融资。在我国，银行是最主要的融资渠道（间接融资）。一家企业的资产对应了负债和股东权益两大块，资产 = 负债 + 所有者权益。只要企业没什么大问题，不至于被淘汰，那么它借新还旧并保持一定的负债比率是很正常的。试想如果不能借新还旧会是怎样一番情景——全社会的负债在两三年之内全部变成股东权益？

对于银行而言，它是否有意愿主动向僵尸企业借新还旧，以掩盖不良资产呢？像这类问题涉及操作层面，无法完全排除具体项目上的人为因素。作为银行股投资者，关键看你是否相信这家银行的管理体系。在优秀银行的风控体系中，银行的信贷客户经理、审贷款、批贷款分别是不同的人，他们之间的利益不能完全一致，甚至可能都见不着面（如分组抽签），这样才能互为监督。在目前银行的业务操作中，贷款是逐笔核算的。例如

---

① 银行可以预估但无法预知淘汰的结果，否则就不会给这些企业发放贷款了。

某企业向某银行贷款 3 个亿，如果它还想向这家银行续贷，那么他必须先还清这 3 个亿，然后再等银行批贷款。新的这笔贷款，银行需要重新走审批流程，信贷客户经理可能偏向客户，但审贷款的人却不一定愿意背黑锅。新旧贷款之间有一个时间差，许多企业在这个时间差里，不得不向民间高利贷借钱（即“过桥借款”）。另一方面，除了小微贷以外，普通企业的贷款都是由多家银行提供，不会由某一家独揽。如果一家企业的贷款全部由单一银行提供，那银行就被“绑架”了——拿它没辙。但如果几家银行都只借给他一部分，当企业经营困难时，观察力强的信贷客户经理，就会想办法先把自己放的那笔贷款（已到期①）抽回来，跑在前头可以减少损失——这种行为叫“抽贷”。在这种情况下，如果某家银行想用“借新还旧”死撑着，那么它就会变成接盘侠。

很少有企业能在经营状况持续恶化的情况下，还能依靠借新还旧的方法僵持下去②——除非它有更强大的公信力作保证。

六、小心银行还在，但股东已不在

对银行股投资者来说，首先要理性看待不良资产的“鬼故事”；其次也不能小看资产质量的问题，因为这是投资银行股最重要的问题。除此之外的其他所有问题，无非是盈利多一点少一点罢了——但资产质量一旦出问题，就是生死存亡的事。在我国，银行是金融稳定的基石，是守住不发生系统性金融风险底线的重要保障。但投资者千万不要认为“银行大到不能倒”，因为一旦银行的核心资本充足率③大幅低于监管线，就可能发生优

① 正常情况下，贷款到期才能抽贷。这也是为什么银行对较高风险的贷款喜欢放短期——不然危机一来，自己就会被吊住跑不了。翻阅各上市银行财报，它们的短期贷款利率反而高于长期贷款。

② 在经营现金流为负的情况下，企业必须借入更多的新债，才能还得起旧债。

③ 不能覆盖的不良资产，属于核心一级资本的扣减项。如果不良快速上升，那么核心资本充足率也会被迅速拉低。参见本书第六章。

先股转股、减记型债券转股、被低价注资或收购等事件。危机过后，银行可以挺过去，但老股东的权益可能一文不值。

主抓不良贷款

前面我们讲到过银行的资产里有几个大头：存放在央行的款项、现金、债券（划进不同科目）、同业资产、贷款、非标债权（应收款项类投资等）。就目前来看，银行的不良资产主要是集中在贷款这一块。当然，也不排除在未来某个时期，银行的不良蔓延到其他资产中去。

正因为不良资产主要集中在贷款，所以很多人在表述时将不良资产和不良贷款混淆起来讲，严格来说这是不准确的。作为银行股投资者需要特别注意，**不要只看到不良贷款率、逾期贷款率等数据，还要考察贷款占总资产的比例！**

盘点不良贷款

关于银行贷款的质量，我们可以从几个方面来分析和比较：

（1）**不良贷款率**。在我国银行历史上，曾经有一套贷款质量分级的办法叫“两呆一逾”，也就是把贷款分作：正常、逾期、呆滞、呆账四大类。查看早期的银行报表，你还能看到这些词语。目前通行的是国际普遍采用的“五级分类”，也就是“正常、关注、次级、可疑、损失”，其中后三类便是不良贷款。我们经常听说“不良双升”之类的词语，指的就是不良贷款率和不良贷款总额同时上升。

5.4.1　按五级分类划分的贷款分布情况

下表列出截至所示日期，本集团贷款五级分类情况。

	2015 年 12 月 31 日		2014 年 12 月 31 日	
	金额	占总额百分比%	金额	占总额百分比%
	（人民币百万元，百分比除外）			
正常类贷款	2,703,082	95.71	2,439,368	97.03
关注类贷款	73,794	2.61	46,634	1.86
次级类贷款	31,233	1.11	17,343	0.69
可疑类贷款	11,050	0.39	7,580	0.30
损失类贷款	5,127	0.18	2,994	0.12
客户贷款总额	2,824,286	100.00	2,513,919	100.00
不良贷款总额	47,410	1.68	27,917	1.11

在贷款监管五级分类制度下，本集团的不良贷款包括分类为次级、可疑及损失类的贷款。受经济下行影响，本集团不良及关注类贷款上升。截至报告期末，本集团不良贷款总额474.10亿元，比上年末增长69.82%。其中，不良贷款增加以次级类贷款为主，报告期内次级类贷款占比提高0.42个百分点至1.11%。期末关注类贷款737.94亿元，占比2.61%，比上年末上升0.75个百分点。

针对贷款五级分类，还有一个贷款迁徙率的指标，即前一级贷款向后几级贷款迁徙的比率，这个概念了解一下即可，详见2015年招行年报13页。

（2）贷款减值准备。这就像一个蓄水池，专门为未来的不良贷款①准备的。简言之就是不良贷款真正损失前，银行已经预提了一部分减值准备。等到贷款真正产生损失时，就可以从这个蓄水池里取水来用。

由此衍生出两个指标，一是不良贷款拨备覆盖率，计算方法为：贷款减值准备/不良贷款额；另一个是拨贷比，计算方法为贷款减值准备/总贷款。记住三个监管要求：

（1）拨备覆盖率不低于150%。

（2）拨贷比不低于2.5%。

以上两个监管要求出自2011年银监会第4号文《商业银行贷款损失准

① 注意是为未来的不良贷款准备的，不是现在的。其实正常贷款中也对应有减值准备，详情见后文。

备管理办法》，并要求系统重要性银行应当于2013年底前达标。非系统重要性银行应当于2016年底前达标，2016年底前未达标的，应当制定达标规划，并向银行业监管机构报告，最晚于2018年底达标。

（3）拨备覆盖率不足100%的，不足部分扣减核心一级资本充足率。这一点在第六章中讲到过，注意与前两条监管指标区别。

与之相对应的还有一个“资产减值准备”。贷款减值准备是资产减值准备的主要组成部分，但贷款之外的资产也有一些减值准备。

需要注意的是，各银行在贷款五级分类的认定过程中，存在主观人为因素，也即各家银行对不良认定的口径不同。甚至不排除一些上市银行为了业绩好看，在认定不良时偏向“宽松”。不良贷款率是大家普遍关心的，不过我建议投资者先来关注几个更“硬”的指标。

（3）**逾期贷款率**。顾名思义，就是逾期贷款与总贷款的比值。只要贷款一逾期，便会计入这个指标，不受人为主观因素影响。我们翻开2015年招行年报第43页[①]，如下表：

5.4.7　按逾期期限划分的贷款分布情况

	2015年12月31日		2014年12月31日	
	贷款金额	占贷款总额百分比%	贷款金额	占贷款总额百分比%
	（人民币百万元，百分比除外）			
逾期3个月以内	35,396	1.25	27,480	1.09
逾期3个月至1年	32,247	1.14	19,542	0.78
逾期1年以上至3年以内	11,847	0.42	4,751	0.19
逾期3年以上	878	0.03	931	0.04
逾期贷款合计	80,368	2.84	52,704	2.10
客户贷款总额	2,824,286	100.00	2,513,919	100.00

截至报告期末，本集团逾期贷款803.68亿元，比上年末增加276.64亿元，逾期贷款占比2.84%，较上年末上升0.74个百分点。逾期贷款中，抵质押贷款占比46.17%，保证贷款占比33.36%，信用贷款占比20.47%（主要为信用卡逾期贷款）。本集团对逾期贷款采取审慎的分类标准，不良贷款与逾期90天以上贷款的比值为1.05。

① 财报203页有详表，从信用贷款、保证贷款、抵押贷款、质押贷款分类中看逾期。

首先关注逾期贷款率，招行这里是2.84%；其次是90天（3个月）以上逾期贷款率，此处为1.59%。90天以内的逾期贷款，可能是贷款企业一时周转困难。但90天以上的逾期贷款，出问题的可能性较大。关于逾期贷款率这个指标，我们可以在各上市银行之间进行横向比较。

此外，通过逾期贷款率我们还可衍生出两个指标，用于初步评判各银行对不良贷款率的“宽松”程度。一是逾期不良比，即逾期贷款（率）/不良贷款（率）；另一个是90天逾期与不良贷款之比。这两个指标的数值越大，说明银行对不良的认定越“宽松”，建议投资者多留个心眼。招行对不良贷款的认定比较严格，其倾向于将90天以上逾期均划为不良贷款。

一般来说，银行的逾期贷款在时间上有一个迭进的关系。比如某银行某期报表中90天以内逾期突然大增，那么它下一期报表的90天以上逾期、不良贷款等都可能增加。这个从常理上很容易理解，毕竟贷款的逾期天数是一天一天累加上去的。但是，也有一些银行的逾期贷款在迭进关系上很奇怪，我们暂称其为F银行①，比如各时期90天以内逾期平稳，而90天以上逾期则突然大增，给人感觉像是这些贷款不经过90天以内阶段，就直接跳升了。关于这个问题，我也找不到答案。网传可能的原因有：

第一，银行统计逾期金额时，只计算了本金逾期的贷款，未统计利息逾期的情况。之所以有这种猜想，是因为其他银行在逾期贷款的附注中，标有以下字样：“注：贷款本金或利息逾期超过1天即为逾期。”（如招行第203页）但F银行无此标注，所以引发猜想。

第二，F银行给予刚逾期的贷款一定的还款宽限期，只要在宽限期内还款就不算逾期。所以F银行的90天内逾期会比较少，如果宽限期过后仍不能还款，就直接飙到90天以上逾期中去了。

对于F银行这种现象，银行股投资者需要特别注意。因为在横向比较

---

① 这是一种现象，而不是具体某一家银行。

中，F 银行的逾期贷款率可能偏小。遇到这种情况，建议投资者抛开逾期贷款率，直接比较 90 天以上逾期贷款率。

（4）**重组贷款率**。重组贷款是指原已逾期或降级，但银行对金额、期限等条件重新组织安排的贷款，也可理解为银行自主展期的原逾期贷款。注意重组贷款是之前的逾期贷款，一旦这些贷款进入重组，就不再继续统计在逾期贷款金额中。所以重组贷款率常常被拿来和逾期贷款率一起看，两者相加即得出“逾期＋重组贷款率”。同样，投资者可在银行股之间横向比较该指标。如 2015 年招行年报 44 页：

5.4.8　重组贷款情况

	2015 年 12 月 31 日		2014 年 12 月 31 日	
	贷款金额	占贷款总额百分比%	贷款金额	占贷款总额百分比%
	（人民币百万元，百分比除外）			
已重组贷款[注]	4,531	0.16	996	0.04
其中：逾期超过 90 天的已重组贷款	2,506	0.09	534	0.02

注：指经重组的不良贷款。

本集团对贷款重组实施严格审慎的管控。截至报告期末，本集团重组贷款占比为 0.16%，较上年末上升 0.12 个百分点。

（5）**已逾期未减值**。前面我们提到过不良贷款率和贷款减值准备，并说明了贷款减值准备是为未来的不良贷款做准备的。这里要介绍一张很重要的表，他藏在附注里，有点不好理解，但却不能忽视！我们打开 2015 年招行年报第 306 页。为方便阅读，我在原表中增加了一组数字：

（ii）贷款和垫款按信用质量的分布列示如下：

	本集团		本行	
	2015 年	2014 年	2015 年	2014 年
已减值①				
按个别方式评估				
总额	34,326	20,484	33,666	20,061
减：减值准备②	(14,624)	(9,577)	(14,442)	(9,446)

续表

	本集团		本行	
	2015 年	2014 年	2015 年	2014 年
净额③	19,702	10,907	19,224	10,615
按组合方式评估				
总额	13,070	7,408	13,032	7,404
减:减值准备	(7,806)	(4,733)	(7,805)	(4,732)
净额④	5,264	2,675	5,227	2,672
已逾期未减值				
– 少于 3 个月(含)	31,689	25,105	30,136	23,892
– 3 个月至 6 个月(含)	2,217	752	1,409	25
– 6 个月至 1 年(含)	254	–	186	–
– 1 年以上(含)	282	6	–	–
总额	34,442	25,863	31,731	23,917
减:按组合方式评估的减值准备	(3,600)	(2,640)	(3,564)	(2,611)
净额⑤	30,842	23,223	28,167	21,306
未逾期未减值				
总额	2,742,448	2,460,164	2,510,885	2,234,173
减:按组合方式评估的减值准备	(58,812)	(48,215)	(56,885)	(46,378)
净额⑥	2,683,636	2,411,949	2,454,000	2,187,795
总净额⑦	2,739,444	2,448,754	2,506,618	2,222,388

这张表中出现了“减值”和“减值准备”两个字眼，意义差别很大：凡是减值后面不带准备字眼的（如①），指的是已经划入不良的贷款；凡是减值和准备字眼连在一起的（如②），指的是“贷款减值准备”（蓄水池）。

我们依次从上往下看，第一项是按个别方式评估的不良贷款，共计 343.26 亿元，而贷款减值准备中有 146.24 亿元是为它准备的。第二项是按组合方式评估的不良贷款，共计 130.70 亿元，而贷款减值准备中有 78.06 亿元是为它准备的。关于个别方式和组合方式评估的解释，参见年报的第 178、179 页。第一、二项的前面标了“已减值”，它们都是已经计入了不良贷款的。第三项标识为“已逾期未减值”，并按不同的逾期期限列出，总额为 344. 42 亿元，**这些是已经逾期但没有划入不良的贷款**[①]。同样，此处为已逾期未减值的贷款做了 36 亿元的贷款减值准备。

为何这些贷款已经逾期了，但是没有算作不良呢？这是因为银行认为这些贷款以后能收回来，主要原因一是它们有足额的抵押物，可以通过处理抵债资产收回贷款；二是银行觉得它们虽然逾期，但借款人的还款能力很强，最终不会造成损失。当然，最后这些已逾期未减值的贷款能不能安然无恙，并不是银行自己认为安全就安全的。前面我们说过，银行对不良贷款的认定有宽松有严格，**具体的宽松程度就体现在已逾期未减值这里。**前面我们提到的“逾期不良比”这个指标，其数值超过 1 的部分，大致就是这里的已逾期未减值。

对于已逾期未减值贷款，还有一个评定项目。我们看看第 308 页这张表：

（iv）抵质押物

已逾期未减值金融资产的抵质押物的公允价值估值如下：

	本集团		本行	
	2015 年	2014 年	2015 年	2014 年
下列金融资产的抵质押物的公允价值估值				
－贷款和垫款	115,400	88,929	85,675	84,088

上表显示，招行已逾期未减值贷款只有 344. 42 亿元，但对应的抵押物价值 1154 亿元，这是一个相当保险的数据。我们拿中信银行 2015 年年报来比较，中信的已逾期未减值共计 307. 41 亿元，但抵押物覆盖部分只有 179. 88 亿元（中信年报第 324 页），这些抵押物的公允价值为 237. 01 亿元。

继续往下看第四项“未逾期未减值”，这里指的就是正常贷款，共计 27424. 48 亿元。**特别注意，虽然此处为正常贷款，但仍然计提了** 588. 12

① 也有一些贷款尚未逾期，但已被划入不良。主要原因是银行的贷款尚未到期，但企业还款能力已经急剧恶化，或企业已有其他到期债权（其他银行的贷款或债券等）先行违约。招行此处逾期贷款为 803. 68 亿元，已减值和已逾期未减值贷款共计 818. 38 亿元，超过前者 14. 7 亿元，这说明已减值贷款（不良）中有 14. 7 亿元并未逾期。

亿元的贷款减值准备。因为很少有投资者看这张表，所以许多银行还没有从这张表上做文章。如果前面三大项的减值准备计提靠谱，那么我通常把第四项针对正常贷款的减值准备，看作是真正防患未然的蓄水池，这是一块隐藏的资产。

以上四项分别都对应有贷款减值准备，而非只对不良贷款或逾期贷款计提减值准备。四项贷款减值准备相加，等于848.42亿元，与财报第11页的贷款减值准备金额相同。

有许多投资者觉得奇怪，像其他综合收益这个项目，在利润表和资产负债表里都能找到，前者表示当期发生，后者表示存量。但是对于资产减值损失（准备）[①]而言，同样有当期发生，也有存量——但它却只能在利润表里找到，在资产负债表里压根没有？

我们依然可以从这张表里找答案。我们把上面四个项的净额加起来，也就是表中标识的③④⑤⑥加起来，得到总净额⑦为27394.44亿元。我们再打开招行年报第137页的资产负债表，看看“贷款与垫款”项目，是不是也是27394.44亿元？没错，银行资产负债表中的贷款与垫款，是扣除掉资产减值准备以后的净额。所以，如果某银行过多地提取减值准备，等于同步减少了总资产和净资产，相当于“隐蔽”了一部分资产。

（6）分行业、分地区贷款情况。在2015年招行年报第197页，可以找到按行业划分的贷款额；第199页可以找到按地区划分的贷款额。之所以要查看这两张表，是因为银行贷款质量下行时，有时往往集中于某些行业或地区。例如本轮坏账较集中的行业有制造业和批发零售业，招行的占比分别为12%和9%，总计不到四分之一。但有些银行这两个行业占比累计超过30%，被不良贷款压得够呛。

从招行年报第41页我们还能查到分行业的不良贷款率，此处招行不良

---

①　减值损失是当期发生量，减值准备是存量，这里的资产包括贷款。

率较高的三项分别为：制造业 4.59%、批发零售业 4.09%、采矿业 6.73%。在此提醒投资者注意，在不良重灾区的行业或地区，如果某家银行的不良率特别低，那么它可能对这些领域的不良认定比较“宽松”。我们可以通过列表，横向比较来发现问题。

（7）**担保方式**。贷款按担保方式不同可分为：信用贷款、保证贷款、抵押贷款、质押贷款四大类。此外，近年一些银行把票据贴现业务也算在贷款里了。信用贷款是没有任何担保物的贷款；保证贷款是第三方责任人担保的贷款，比如张三给李四担保；抵押贷款是以不动产做抵押；质押贷款则一般是以股票、股权、汽车等做质押。抵押和质押的区别主要在于，质押时押品多为动产，押品在银行手上；抵押时押品多为不动产，押品仍在贷款人手上。我们来看第 72 页这张表：

5.4.5 按担保方式划分的贷款及不良贷款分布情况

	2015 年 12 月 31 日				2014 年 12 月 31 日			
	贷款金额	占总额百分比%	不良贷款金额	不良贷款率%(1)	贷款金额	占总额百分比%	不良贷款金额	不良贷款率%(1)
（人民币百万元，百分比除外）								
信用贷款	671,321	23.76	7,999	1.19	544,936	21.68	3,000	0.55
保证贷款	444,698	15.75	19,587	4.40	450,713	17.93	11,077	2.46
抵押贷款	1,241,633	43.96	16,250	1.31	1,059,962	42.16	12,651	1.19
质押贷款	376,819	13.34	3,574	0.95	383,301	15.25	1,189	0.31
票据贴现	89,815	3.18	—	—	75,007	2.98	—	—
客户贷款总额	2,824,286	100.00	47,410	1.68	2,513,919	100.00	27,917	1.11

注：（1）代表某一类不良贷款占该类贷款总额的比例。

截至报告期末，抵押贷款占比较上年末上升 1.80 个百分点；信用贷款占比较上年末上升 2.09 个百分点，主要是信用卡贷款的增长。

虽然信用贷款没有担保措施，但它的风险程度呈现出两个极端。一是许多小额贷款、信用卡贷款都没有担保措施，属于信用贷款，它们的风险较高；二是一些有保障的大型项目（如水电站），因为还款能力太好，所以不需要抵押物银行也抢着要，它们也属于信用贷款。

保证贷款是四种贷款里风险较大的。因为保证贷款往往缺少抵质押物，又够不上信用贷款的安全级别。银行为了贷款安全，要求这些企业相互之间互保、联保。这种联保模式曾在小微企业贷款中大行其道，但这样做也有一大风险，类似多米诺骨牌效应，联保圈子里一家企业出事，常常把整个联保圈拖垮，最后谁都还不起贷款。

再来看抵押担保和质押担保——它们共同的特点是有担保物。银行特别喜欢担保物，为何？因为在破产程序中，担保物债权的偿债顺序靠前。企业在破产时，其清偿顺序为：担保债权、破产费用、共益债权、职工费用及保险、所欠税金、普通破产债权、优先股、普通股。注意担保债权不属于破产债权，它的清偿顺序最靠前（限于对担保物的处置）！担保债权后面的，从破产费用至普通破产债权，都属于破产债权。如果担保物变卖以后不足以清偿债务的，未清偿部分可以列入破产债权继续要求清偿。

前面我们提到了已逾期未减值贷款中，许多都是有担保物的贷款。其实，在已经划入不良的贷款中，也有许多是有担保物的。因此这些不良贷款还是可以收回一些本息，不会全部损失掉。例如 2015 年招行的不良贷款中的抵押物公允价值就有 84.86 亿元（208 页）。

补充一点，在招行年报第 250 页我们还能看到四种担保方式的逾期贷款金额（含不同逾期期限金额）。

以上从（1）到（7），可以综合全面地评判一家银行的贷款质量。对某一期财报的分析属于静态分析，将前后各期报表连接起来就是动态分析。因为受到宏观经济周期影响，所以银行的贷款质量不会忽上忽下不规律波动，而是趋势性变化——它不会一口吃成胖子，亦不会一顿饭就饿成瘦子。

经济周期的拐点难以判断，银行不良拐点也很难判断。我的做法是不去预测拐点，而是采取跟随策略——除非多家银行连续两个季度的财报出现不良拐点，否则就认为贷款质量还将沿原趋势继续下去。

银行如何处理不良贷款?

银行处理不良贷款有三种办法，一是转让，二是清收，三是核销。其中转让主要是将不良贷款打包卖给资产管理公司（AMC）[①]，这些不良资产包的出售价往往是原值的两折、三折。读者也许要问，既然银行自己也能清收不良贷款，为何要卖给别人呢？这里主要的差别在于：资产管理公司除了用拍卖方式处置不良贷款外，还可以债转股变成这些不良贷款企业的股东，介入企业的运营管理、拆分合并等，进而盘活资产。但是目前的法规还不允许银行直接对不良贷款债转股[②]。

关于不良贷款清收，银行有很多种方法。常见的有：处置抵债资产、对企业破产清算、找第三方担保人还款等。此外，银行信贷客户经理还有很多种方法追回不良贷款，如在续贷空档期抽贷，将不良甩给过桥贷（含高利贷）；又如，联合地方政府促成第三方企业收购不良企业，再用担保方式将责任转嫁给这家第三方企业等。感兴趣的读者，可以阅读《我是银行客户经理》一书，作者是从业多年的银行信贷客户经理，对经济和企业运营管理也有较深的认识。

大多数银行的财报并不披露不良贷款清收的具体金额，所以投资者很

---

① 这里的资产管理公司不是指理财类的“资产管理”公司，而是专门负责清收坏账的资产管理公司。目前我国有四大资产管理公司，它们是长城、信达、华融、东方。此外，2014 年末开始，陆续放开成立省级资产管理公司。

② 2016 年 3 月 8 日，港股熔盛重工（现为华荣能源）发布公告，向银行及供应商等债权人配发 171.08 亿股，募集资金再用以偿还债务，拉开了曲线债转股的序幕。此后，国家支持债转股的新闻频发，但目前为止仍未出台具体方案。

难了解银行的清收能力，只能通过一些新闻事件做初步印象式的判断。当然也有一些银行披露了该项信息，如 2015 年中信银行年报第 75 页披露，其通过清收和核销等手段消化不良贷款共计 454.85 亿元，用这个数据减去核销量即可得清收贷款大约 192.46 亿元。

下面我们来详细了解第三种方式，即核销。通过这一知识点，我们还可以了解相关的会计处理方法。先看下面这张表（招行年报第 44 页）：

下表列出本集团客户贷款减值准备的变化情况。

	2015 年	2014 年
	（人民币百万元）	
期初余期	65,165	48,764
本期计提	59,486	32,895
本期转回	(1,979)	(1,641)
已减值贷款折现回拨[注]	(1,137)	(655)
收回以前年度核销贷款	1,464	651
期内核销	(38,383)	(14,917)
期内转入/出	—	—
汇率变动	226	68
期末余额	84,842	64,165

注：指随着时间的推移，已减值的贷款其随后现值增加的累计利息收入。

整张表显示的是“贷款减值准备”这个蓄水池的变化情况。还记得吗，这个蓄水池的存量情况在银行的资产表里是找不到的，因为它直接被扣减了。比如，实际总贷款 100 个亿，贷款减值准备 10 个亿，银行只在资产表里算 90 个亿的贷款。这 10 个亿的蓄水池，银行的资产表就当它是泼出去的水。

（1）**期初余额**即年初时蓄水池里的水，这里是 651.65 亿元。

（2）**本期计提**，即本年度新计提的贷款减值准备。

（3）**本期转回**（为负值），即之前认定为不良的贷款，期内确认这些企业经营转好（贷款转为正常），或已还款，具体解释在年报第 179 页。

以上第（2）项金额减第（3）项金额[①]，**即为利润表中的贷款减值损失，直接影响最终利润。**实际过程为：第（2）项计提减少利润，第（3）项转回增加利润，两相抵消。特别注意，不管银行核销了多少不良贷款，均不影响利润表，只影响贷款减值准备这个蓄水池的量。真正影响利润表的是这里的计提值。有些银行的年报没有“本期转回”项目，只有“本期计提”，那么它们的“本期计提”实际就相当于这里“本期计提－本期转回”后的净额。还有一些银行管“本期转回”叫“本期回拨”，而其“本期转回”又代表了其他含义（如农行）。对于这些名词的变化，参照财报中的附注都能理解。

（4）**已减值贷款折现回拨**（为负值）。有的银行报表称其为“因折现价值上升转回”等。这个项目有点难理解，我们先来了解为何会有这个项目。浦发银行财报中有一段话（2015 年年报第 36 页）：“当有客观证据表明贷款发生减值的，且损失事件对贷款的预计未来现金流会产生可以可靠估计的影响时，则将该贷款的账面价值减记至预计未来现金流量。预计未来现金流量现值，按照该贷款原实际利率折现确定，并考虑相关担保物的价值。”大致意思就是，将贷款评定为不良以后，这些不良贷款的总金额是依据其未来现金流计算的（贴现）。所以，当这些不良贷款的贴现值发生变化时，就会出现“已减值贷款折现回拨”这个项目。

关于“已减值贷款折现回拨”招行的注解为：“指随着时间的推移，已减值的贷款其随后现值增加的累计利息收入。”再来看中信银行 2015 年年报（80 页）对此的解释：“等于已减值贷款现值经过一段时间后的增加金额，本行确认为利息收入。”相信各位读者看到这里，大致明白怎么回事了。而这个项目的会计处理则更复杂，如果你看不懂也没关系，可以不用理会。这里简单讲一下：

---

① 因为第三项为负值，也可理解为第 2 项＋第 3 项（负）。

利润表：

计入利息收入

资产负债表：

减记贷款减值准备（通过增加贷款净值的方式）

加记应收利息（因为这个利息收入并未实际收到）

（5）**收回以前年度核销贷款**。不良贷款一经核销，等于确认了损失，剔除出了财报。但是“账销权在”，对于已核销的贷款，银行会继续追偿。这个项目显示的就是追回的金额，它是正值，增加蓄水池水量，不影响利润。

（6）**期内核销**。这个很好理解，就是核销不良贷款。一旦核销，这笔贷款就被剔除出银行的报表。核销动作下，银行的不良贷款金额相应减少，逾期贷款也相应减少，同时蓄水池里的水量也减少，但利润不会变化。

（7）**期内转入/出**（为负值），许多银行管它叫“本期转出”。我们从建行2015年年报中找到解释（第228页）：“本年转出包括由于出售不良贷款及转至抵债资产而转出的损失准备金额，以及由于汇率变动[①]产生的影响。”招行此处没有转出，如果有的话应当为负值，一方面它减少了蓄水池水量，另一方面它会为银行在营业外收入中[②]贡献一笔利润。一般而言，贡献的利润小于蓄水池减少的水量。

（8）**汇率变动**。主要涉及外币贷款。

（9）**期末余额**，即经过上面进进出出以后，报表期末蓄水池的水量。

作为银行股投资者，如果你记不住上面这些七七八八的会计做账方法，也没关系——抓住主要矛盾即可。第一是看期初余额；第二是看本期计提了多少（等于从税前利润中提的）；第三是看本期核销了多少（从蓄

① 建行将汇率变动归入本期转出了，此处招行报表则单列。

② 不良贷款转为抵债资产，如果转换前后的金额相等则不影响利润表，只是资产表中的转换。

水池中放了多少水）；最后那些进进出出的小项目我们不管，重点看最后一项期末余额，了解期末蓄水池里还有多少水量即可。

其他不良资产

不良贷款是不良资产的大头，但债券、同业资产等也会有坏账。我们来看 2015 年招行年报第 27 页：

	2015 年	2014 年
	（人民币百万元）	
资产减值准备支出/（冲回）		
－贷款和垫款	57,507	31,254
－投资	1,002	35
－应收同业和其他机构款项	257	57
－其他资产	500	335
资产减值损失合计	59,266	31,681

这张表其实就是利润表中资产减值损失科目的具体构成，招行此处合计 592.66 亿元。其中贷款和垫款占了 575.07 亿元，这就是前面提的贷款减值准备中“本期计提－本期转回”的数额。后面的投资主要对应债券，应收同业和其他机构款项则对应了同业资产。上面这张表显示的是当期发生额，要找存量[①]的话可在财报中搜索“资产减值准备”，2015 年招行财报第 249 页中有详表。

对于贷款以外的资产，没有五级分类情况，但一些银行会在财报中披露它们的逾期金额。比如我们来看 2015 年兴业银行年报第 203 页，如下表：

① 再次提醒，减值损失是当期发生，减值准备是存量。

本集团	12/31/2015				
	发放贷款和垫款 人民币百万元	同业款项[1] 人民币百万元	投资[2] 人民币百万元	应收融资租赁款 人民币百万元	合计 人民币百万元
已减值： 单项评估					
资产总额	21,579	89	4,794	845	27,307
减值准备	(11,297)	(89)	(1,561)	(227)	(13,174)
资产净值	10,282	—	3,233	618	14,133
组合评估					
资产总额	4,404	—	—	—	4,404
减值准备	(2,090)	—	—	—	(2,090)
资产净值	2,314	—	—	—	2,314
已逾期未减值：					
资产总额	23,036	9,117	2,428	897	35,478
其中：					
逾期90天以内	20,703	2,139	2,428	—	25,270
逾期90天至360天	2,133	6,978	—	897	10,008
逾期360天至3年	200	—	—	—	200
组合评估减值准备	(3,674)	—	—	(108)	(3,782)
资产净值	19,362	9,117	2,428	789	31,696
未逾期未减值：					
资产总额	1,730,389	315,490	2,474,985	74,414	4,595,278
组合评估减值准备	(37,525)	—	(11,166)	(1,675)	(50,366)
资产净值	1,692,864	315,490	2,463,819	72,739	4,544,912
资产净值合计	1,724,822	324,607	2,469,480	74,146	4,593,055

2015年招行年报第307页披露了债券投资的一些情况，包括各安全等级债券的金额等。但关于同业资产的质量则缺乏研究资料。

	本集团		本行	
	2015年	2014年	2015年	2014年
按个别方式评估已出现减值的债券投资总额	668	662	668	662
减值准备	(601)	(619)	(601)	(619)

续表

	本集团		本行	
	2015 年	2014 年	2015 年	2014 年
账面价值小计	67	43	67	43
未逾期未减值				
AAA	7,095	8,667	2,767	5,197
AA - 至 AA +（注）	540,986	441,823	532,863	430,647
A - 到 A +	14,671	5,543	8,868	2,724
低于 A -	15,763	7,574	12,645	5,102
小计	578,515	463,607	557,143	443,670
无评级	159,815	154,334	156,273	153,256
合计	738,397	617,984	713,483	596,969

注：其中包括本集团持有的由中国政府、中国人民银行及中国政策性银行发行的债券，总额为人民币 532,353 百万元（二零一四年：人民币 428,082 百万元（评级为 AA -）。

第十一章

构建能力圈，银行股是不是你的菜？

不懂不做，不熟不做

投资界有一个大家都耳熟能详的词语——“能力圈”。简单说就是不懂不做，不熟不做。因为人的精力是有限的，一个人不可能既是乒乓球冠军，又是羽毛球冠军。做投资也是如此，我们不必成为各个领域的专家。与其什么都懂一点，不如选择几个自己能掌握的领域构建能力圈。我们坚持在能力圈范围内投资，即使能力圈小也没关系——这远比能力圈大，但经常跳出能力圈冒险的投资者安稳得多。

银行股一直被认为是股票投资里第二难的领域①，因为银行业有太多监管条款，太多专业名词，最重要的是银行“真实”的资产质量难以把握。但其实，哪门投资不难呢，又有哪门生意好做呢？

（1）研究银行股，不像高科技股那样担心技术革命。比尔·盖茨曾说，微软离破产永远只有18个月。18个月取自摩尔定律，即相同价格下，计算机的性能每18个月翻倍；或相同性能下，其价格每18个月减半。这个定律发表于20世纪六七十年代，不一定适用目前科技发展的速度，但它的道理是不变的。高科技企业的竞争优势是短期的，它需要不停地支出研发费用，用一个个新技术、新突破将这些短期竞争优势连接起来，才能生存下去。任何一个高科技企业原地踏步，恐怕都很难熬过18个月。一个新发明、新产品问世，既可以成就一个不知名的小企业，也可以颠覆一个国际巨头。研究高科技股的难点，一是对各细分科技领域的研究既尖端又小众，信息量巨大，而且随着技术进步还得不停接受新知识；二是在高增长和高估值之间难以取舍，估值变动快过业绩变动，容易遭遇戴维斯双杀或

---

① 最难的是寿险。

双击。而银行则是技术进步中的受益者，因为技术进步能促使银行服务的效率提升，成本下降。

（2）银行股不像许多生产企业那样，需要关注产品是销售到终端客户手里了，还是积压在下游销售商的渠道中。银行也不用担心产品变质的问题，而且连存货都没有。研究银行股也不用看现金流量表，不用管那一堆的应收、应付、预收、预付款项。银行股甚至都不用管上下游产品的价格变动，比如研究钢铁股还得盯着铁矿石价格。

（3）银行竞争同质化，个体差异不大，要么大家都有饭吃，要么大家都饿肚子。它不像某些行业弱肉强食，你必须把企业里里外外瞧个透彻，否则就可能掉坑里。银行股的各项指标都可以进行横向或纵向比较，而且都可以数据化比较。银行最具差异化的地方，可能是它们在经济下坡期的资产质量，当然这也是难点。

（4）研究银行股，还有央行和银监会两个“婆婆”帮你免费看管。银行财报的可信度高于普通企业，高管也没有作假的动力，投资者只需看懂合理的利润调节即可。银行业的各种统计数据也很全面，向全社会公开发布。你手中可掌握的资料不会比专业研究机构少。

（5）银行是少数几个不用实地调研的行业。因为银行经营的地域范围太广，客户量和业务量太多，已经大到没法调研。研究任何单一事件都难免会受光晕效应影响，以点概面。银行的整体运行效率其实都写在财报里，实地调研获取的信息远不及财报有用。

（6）研究银行股，不用追着管理层跑，银行的战略规划都会体现在财务报表中。喊口号都是虚的，不管是重点发展零售业务，还是主攻同业业务——最终还是落在资产负债表上。而一家银行的经营管理如何，风控能力如何，也都会体现在ROE、成本收入比、各类资产及负债的规模增速、逾期及不良贷款率等指标上。

（7）银行是轻资产行业，它的资产折旧少，也不存在产能延后释放[①]的问题。银行的周期性与经济同步，研究银行股不用像重资产行业那样，判断几年后的供求情况。

（8）研究银行股不用担心来自外域的竞争，目前外资银行在我国的市场份额可以忽略不计。因为各个国家的劳动力成本和知识教育水平不同，自然资源不同，所以某些国家的市场一旦向国际开放，一些行业可能被颠覆或替代。例如我们熟悉的伯克希尔·哈撒韦的纺织业务最终被关闭，也是因为美国的纺织业被第三世界国家替代。同样的，研究银行股也不用盯着美国的苹果和韩国的三星，我们管好自己就行。

将银行股纳入能力圈

阅读完前十章，我们已经对银行股投资有了大致的认识。如果您还有模糊的地方，建议把招行的年报对着顺一遍。本书删繁就简，主要内容均为读懂银行股最核心的问题。一些对银行股投资影响不大的内容涉及较少，如流动性监管指标，如杠杆率[②]指标、利率衍生工具等。还有一些过于专业（难懂）的银行知识，由于其经营成果已经反映到其他财务指标中，所以也较少涉及，如对同业业务很重要的“127 号文”——《关于规范金融机构同业业务的通知》（银发〔2014〕127 号），它对银行业务的影响已经反映到净利差、（消耗）核心一级资本充足率等其他指标中去。作

---

① 固定资产的建设需要时间，这个时间差很要命。某个行业盈利状况好，往往一窝蜂上产能。过几年等这些产能投产，却又发现供过于求，不得不亏本甩卖。

② 表外项目经系数调整，调整系数同《商业银行资本管理办法（试行）》附件 2，只有一条例外：表外项目中可随时无条件撤销的贷款承诺按照 10% 的信用转换系数计算。杠杆率的数值越低，银行的经营杠杆倍数反而越高。根据《中国银监会关于中国银行业实施新监管标准的指导意见》（银监发〔2011〕44 号），银行杠杆率不低于 4%。由于银行主要受资本充足率的限制，所以银行距离杠杆率监管红线都还有一段距离。

为银行股投资者，我们只需着眼于大面，综合考虑即可。

让我们简单回顾一下前十章，首先是银行这门生意的特点，它属于服务业，所以互联网等新玩意不但不会颠覆银行，反而可以被其使用从而降低服务成本。银行经营的是信用，业务基础建立在货币之上，所以银行的业务可以随货币量增加而增加，它是一个没有天花板的行业。然而银行也是一个高杠杆的行业，它受宏观经济影响并显现出周期性，所以我们应当特别关注银行资产质量问题，因为别的方面做得好与差，无非就是多赚点、少赚点罢了，但资产质量一旦出了问题就是生死存亡的大事。虽然银行的同质化很高，但行业内的竞争并不激烈。一方面，银行不是谁想开都能开，牌照限制了外界资本进入；另一方面，即使是已经拿到牌照的银行，受制于核心一级资本充足率这个“紧箍咒”，较难发生恶性竞争。

其次是银行的资产负债表，我们需要搞清楚各个资产项、负债项、股东权益项的名词含义。不同的资产利率及风险程度不同，不同的负债利率成本也不同，我们重点关注数额较大的项目。对于稍难一点的资本充足率，银行主要是受一级资本充足率牵绊。如果你搞不懂里面的具体事项，重点了解它的本质就行——无非就是银行开展业务时，需要自己拿出来的本钱。工农中建交一级资本充足率不能低于9.5%，其他银行不能低于8.5%，而优先股在一级资本充足率中只有1%的份额管用，超过也是浪费。一旦银行的资本充足率逼近监管线，它就需要再融资，或者放慢业务发展速度。

最后，我们来看银行利润形成过程。先看营业收入端：银行两大业务，一个是利差业务，受到净息差和生息资产总规模两个方面影响；另一个是非息业务，它主要由依附在资产之上（客户量及其资金量）的各种服务构成，但其中的信用卡业务本质上更像利差业务，投资收益及公允价值变动则由债券产生。除此之外还有汇兑损益，它占比较小。再看营业支出端：营业税金及附加我们可以不用管，除掉它就只有两大块，一个是业务及管理费，这个项目除以营业收入就得到成本收入比，它是一个横向对比的好指标；另一个是资产减值损失，它必须和资产减值准备这个蓄水池结合起来看，而我们主要关注占大头的贷款。前面的收入端减去后面的支出端，再交完企业所得税，就得到了净利润①。当然，也还有一些未实现的浮动盈亏，计入了其他综合收益，它虽然不影响净利润，但是会影响股东权益（净资产），也会影响核心一级资本充足率。

前面我们说过，银行财报作假的可能性较低，但银行可以合理合法地调节利润。注意：调节利润不会使真实的利润变多或变少，只会使净利润在时间轴上挪动，如初一挪到十五。我们很容易了解其调节手段：第一，也是最主要的方式是通过资产减值损失这个科目，在满足监管的条件下银行完全可以多提或少提拨备，从而调节利润；第二是业务及管理费，主要是员工的薪酬奖金或待摊费用等，同时注意这个项目有一定的季节性变化，各家银行有差异；第三是通过一些债券及票据的价差收益，影响公允价值变动收益或投资收益科目，提前确认利润或亏损；第四是手续费及佣金收入，这个项目一般只能跨季调节，要跨年只能是上年四季度和本年一季度。如果罗列出某银行各季度的手续费及佣金收入金额，发现相邻的两个季度一个特别多，一个特别少，则很可能是这种情况。银行几乎很少通过净利息收入来调节利润②，这是因为会计制度上的权责发生制——但也不排除银行有一些资产代持的情况。以上四种利润调节手段，均有银行有意无意使用过。银行股投资有“一季报定全年”的说法，即一季报业绩增幅（含负增长）是多少，则全年的业绩增幅差不多也就是这个数。产生这种现象的原因，除了年初时银行的资产负债集中重定价外，主要就是银行在平滑业绩。试想一下，经常考 80 分的学生，和一下子 90 分一下子又 60 分的学生，谁更容易挨骂？

---

① 属于银行股投资者的净利润，还需扣除归属于少数股东的那部分净利润。

② 前面已经有四把好手可以用，干吗还用这个复杂的。

瞧，要读懂银行股并不难！如果刚刚我说的这些，你都能够理解，那么银行股投资已经在你的能力圈范围内。剩下的工作，主要是建立在各类数据基础上的分析，一是在时间轴上用同一家银行的数据进行同比、环比分析，把各个时期的数据联结起来，就能看清它的发展过程（变好还是变坏）；另一个则是不同银行之间的横向数据对比，这样能看出各银行间盈利能力的差别。最后，我们再根据股价情况（估值），从中选出适合投资的银行股。这也是本书剩余章节需要重点探讨的问题。

银行股投资与时俱进

近些年银行的创新型业务越来越多，一些业务让投资者摸不着头脑。其实说白了，银行经营是债权，银行的盈利模式怎么都没变，努力创新又能玩出什么新花样？某些所谓的“创新”，只不过是为了绕开监管，如资本充足率、贷存比①、拨备覆盖率等监管要求。

相应地，监管部门则不断发布新的规定堵漏洞。2016 年 4 月 28 日，银监会发布《关于规范银行业金融机构信贷资产收益权转让业务的通知》（银监办发〔2016〕82 号），防止银行将不良资产以收益权的形式转移出表。这时投资者才惊呼，原来还可以这样玩！

在投资圈里充斥着各种关于银行的传言，而本书只讲述各种公开资料可以证实的内容。对于投资者而言，更多时候并不是我们智商不够用，看不懂这些新业务——而是银行股的报表及公告中，缺少可供研究的信息。好在我们有两个负责任的“管家婆婆”，时刻帮我们盯着。

在银行股投资路上，不断冒出来新东西，也不断有新的监管规定。银

---

① 贷存比监管指标已经取消。

行业的竞争环境会发生变化，银行股的投资价值也会发生变化。作为投资者，我们也必须与时俱进，持续学习。银行只要不做蠢事，它确实是一门好生意。我们要关注的是，银行是否对收益过于贪婪（过度扩张），从而忘记了风险。

第十二章

银行股估值怎么看?

投资银行股的长期回报率是多少?

持有任何股票的长期回报率（复合年化），与其资本累积速度（能力）一致。市场上有各式各样的资产定价模型，均是预估股票未来的价值，然后再回过头来评估它现在的合理价格。但今天，我们抛开这些复杂的定价模型，重新演绎这个问题。

股票是一种无期限证券，或者说它的期限是永远，是无穷大[①]。假设某只股票期初的股东权益为10亿元，共1亿股（初始每股净资产10元），此后每年的期初ROE[②]一直保持在20%，也就是说它的净利润复投，也能获得20%的回报率[③]。为了方便计算，假设这只股票没有再融资，也没有分红。股市有牛熊，我们将投资回报率看作两部分：一是上市公司业绩变动，二是估值变动（市盈率）[④]。

情形1：买入时市盈率为20倍，卖出时为5倍，持有5年，最终回报率为：业绩变动×估值变动$-100\% = (1.2^5)\times(1/4)-100\% = -37.8\%$，复合年

---

① 大多数企业总会有结束使命的一天，但我们不知道是什么时候。在做股票投资时，投资者假设看不到上市公司结束的那一天，认为它的存续期是永远。

② ROE即净资产收益率，等于净利润除以当年加权平均股东权益（净资产）后的百分比，它反映了加权平均股东权益所获得的收益水平。但是请注意，因为ROE的分母是当年的加权平均股东权益，如果公司盈利且净资产增加，那么它的分母（股东权益）在全年中被逐步抬高。而期初ROE指的经过一年时间后，年初时的股东权益在一年间所能获取的回报率。期初ROE=（当期净利润/期初股东权益）×再融资摊薄系数。其中，再融资摊薄系数=（期初总股本+送转增股本）/（期初总股本+送转增股本+再融资新增股本）。期初ROE绝对值越大，或者上市公司再融资越多，则它与ROE的偏差也越大。例如在没有再融资的情况下，ROE=26%时，期初ROE约为30%。详细内容可参见《投资第一课》。

③ 如果净利复投的回报率低于原资本的期初ROE，那么随后该股票的期初ROE就会被拉低。例如，第一年10亿元股东权益，期初ROE为20%，拿到2亿净利，这2亿净利计入第二年的期初股东权益。第二年原10亿股东权益仍获利20%，但上年净利的2亿只能获取10%的收益，则第二年期初ROE为：$(10\times20\%+2\times10\%)\div12=18.33\%$（被拉低）。

④ 也可看作每股净资产变动和估值变动（市净率）这两部分。

化收益率为 -9.06%。

情形 2：同样 20 倍市盈率买入，5 倍市盈率卖出，但这次我们把期限逐渐拉远，持有期分别变为 10 年、20 年、50 年、100 年、500 年、1000 年，则复合年化收益率分别变为：4.47%、11.96%、16.72%、18.35%、19.67%、19.83%。由此可见，期限拉得越长，估值变动对复合年化收益率的影响越小。随着时间推移，最终的复合年化收益率越来越贴近 20% 的期初 ROE。

情形 3：这次假设期初 ROE 仅为 5%，依然是 20 倍市盈率买入，5 倍市盈率卖出，持有期分别为 5 年、10 年、20 年、50 年、100 年、500 年、1000 年，则复合年化收益率分别变为：-20.42%、-8.59%、-2.03%、2.13%、3.55%、4.71%、4.85%。虽然最终的复合年化收益率也会贴近期初 ROE，但这一次的速度明显变慢。即使上市公司业绩保持增长（低速），这笔投资到第 20 年时也还是负回报——要取得正回报须等到第 28 年的后半年①。

如果持股时间足够长②，又或者卖出与买入时的估值③（市盈率）水平相近，持股的长期回报率约等于该股票的期初 ROE。对于银行股而言，这一点同样适用。根据银行股的特点，我们在上述模型的基础上略加调整。

情形 4：银行股分红相当于以 1 倍的即时市净率④的价格卖出部分股票。如果分红的资金留存在银行内部，获利能力等于原期初 ROE。那么 1 倍即时市净率对应的股价是一道分界线——对红利复投的投资者而言，高于此股价时分红越少越有利，低于此股价时分红越多越有利（提高长期回

---

① 情形 2 中的收益率，从第八年开始由负转正。

② 时间长到可以忽略估值变动影响。

③ 时间拉长后，总会等到估值相同的那一天。只是处在极高点和极低点，等待的时间会更久一些。

④ 即时市净率 = 股价/预估即时每股净资产。

报率)。

情形5：银行股再融资时会稀释原股东的每股收益，但也带来了新增资本。高价再融资对银行股投资者是有利的，因为它提升了银行股的每股净资产。如果再融资价格超过2倍即时市净率，投资者应当举双手赞同。相反，如果再融资价格过低，原投资者利益将受损。银行在刚刚完成再融资时，核心资本充足率提升，权益乘数下降，因此期初ROE也会下降[①]。银行再融资获得了资本金，但这些资本金需要在未来两三年内才陆续发挥作用，给ROE贡献力量。这也就意味着，即使是1倍即时市净率的再融资价格，仍然不利于老股东[②]！对于再融资价格也有一道分界线，即再融资价格高于原即时净资产的部分，要足以补偿再融资对期初ROE的摊薄效应，否则就不利于老股东。

情形6：银行股满足内生性增长（无须再融资）的条件为：

期初ROE－分红/净资产>加权风险资产增速

而如果银行的加权风险资产增速<总资产增速，或者加权风险资产增速<营业收入增速，我们可视为它实现了“轻资本发展”。尽管如此，再轻的秤砣还是要沉入水底——总资产增速仍然是影响加权风险资产增速以及营业收入增速的重要因素。如果银行股的总资产增速远低于期初ROE，那么最好的方法是加大分红力度——因为它留存的利润无法获得原资本的ROE水平，不断堆积的净利润虽然提升核心资本充足率，但却会使权益乘数下降，拉低整体期初ROE水平。最近几年，四大国有银行均存在这个问题，其结果就是期初ROE高，但净利润增速慢。

---

① 参考公式：ROE＝总资产收益率×权益乘数。

② 在银行股亏损的情况下，ROE为负数，此时又另当别论。

银行股究竟价值几何?

未来某个时点某只股票的估值水平，我们无从得知。但毫无疑问的是，以过高估值（市盈率）买入，可能面临市盈率回落的风险。在情形 2 中，即便业绩保持 20% 的复利增长，但仍要等到第八年才能获得正收益。也许你会质疑，一只保持 20% 业绩增速的股票，它的市盈率怎么可能从 20 倍降至 5 倍？但这就是最近七八年间银行股的真实写照。

所幸在这七八年间，如果我们以较低估值买入银行股，完全可以获得令人满意的回报。前面我们提过，投资回报率可看作两部分：一是上市公司业绩变动，二是估值变动（市盈率）。早在 2012 年，我们就能买到五六倍市盈率的银行股，而至 2016 年上半年，许多银行股仍然只有五六倍市盈率。虽然都是五六倍市盈率，估值变化不大，但这并不意味着投资银行股不赚钱。投资者与企业一同成长，实实在在享受到业绩增长带来的收益。

那么，究竟以怎样的估值买入银行股才合算呢？或者说，怎么给银行股估值呢？

首先要抛弃的就是现金流贴现法和股息贴现法，且不说精确估算未来年度的具体盈利能力或股息有多不靠谱，选择合适的与风险程度对应的贴现率更是大难题。在这两个估值方法中，所有因素都是变化的，得出的结果也因人而异，千差万别。我认为贴现法重在思维而非应用，现在的 1 元钱比未来的 1 元具有更高的价值，所以未来的收益要用贴现率来打个折扣，这才是贴现法的精髓所在。

很遗憾，对于银行股我无法给出精确估值的办法，而且我也不相信有人具备这项能力——或许这正是投资的魅力所在。其实任意股票都很难精确估值，但是我们可以描述出它的估值区间。在股票投资时，我们采用

“一眼胖瘦”的方法，当股价明显低于估值区间时，才考虑买入。与此同时，我还会比较市场上其他行业的股票，看看是否存在确定性更高、成长性更好或估值更低的投资标的。只有经过综合比较，才知道银行股是便宜还是昂贵。

现行的股票估值方法，主流的有PE、PS、PB、PEG等。其中PEG法更适合稳定高速增长的股票，而银行股具有一定的周期性，所以PEG法[1]并不合适。而且银行的业绩增长有很大一部分源自总资产规模的增长，如果资产增速过快，则核心一级资本充足率吃紧，银行就不得不放慢增速或者再融资（摊薄每股收益）。**需要注意：投资者不能将某家银行异常高的业绩增速去做线性外推**！此外，PS法[2]则更适合给强周期股或亏损股估值，因为盈利能力大幅波动不具备参考价值，所以只能选营业收入来比较。

基于以上原因，我更推荐用PB法，同时结合期初ROE来看。期初ROE是每股净资产的盈利能力，而PB则是你为每股净资产所付出的代价。其实两者结合已经把PE指标也纳入考量[3]。在此基础上，还可以对某些银行的核心一级资本充足率进行调整拉平。

选取PB法作为银行股的主要估值指标，有以下几个原因：

（1）银行的大部分资产都是用货币计量的金融资产。这些金融资产的价值扭曲程度低，它们不像机械设备存在折旧问题，不像知识产权、专利等无形资产存在评估困难问题，不像某些待摊费用如研发成本存在费用资本化问题。而银行的固定资产，如土地和房屋等，也都是按照购买成本计入资产然后逐年摊销。银行的固定资产即使增值也不存在投资性资产公允价值变动的问题。

---

① PEG = PE/净利润增速（不含百分比），主要用于评估成长股。但是异常高（比如50%）的增长率是无法永远存续下去的，否则它很快将拥有整个世界——它受制于人类整体进步速度，目前全世界GDP增速约3%。行业及企业均有各自的生命周期，异常高的增长率总会回归正常。

② PS即市销率，它等于总市值除以总销售收入（营业收入）。

③ 因为PE≈PB/ROE。

（2）银行发展受核心资本充足率的限制。有时银行盈利能力强是因为核心资本充足率较低，或者说是因为经营杠杆更高。当银行的核心资本充足率逼近监管红线时，就不得不再融资（摊薄）。采用 PB 估值法撇开了这一因素的影响。

关于银行股估值问题，我在这里给出一些个人看法，供读者参考：

在正常年度，如果银行股的期初 ROE 保持在 15% 至 20% 之间，我认为 2 倍左右的即时市净率是其合理估值。由此，我们将 1.5 倍即时市净率之下视作低估；将 2.5 倍即时市净率之上视作高估。

若能以 1 倍即时市净率的价格买入，则相当于成本价开银行。买入银行股相当于拥有银行的一部分，除了不能参与银行管理外，在投资回报角度跟拥有一整家银行并无二异。更何况，买入已经走上正常轨道的银行股，好过新开一家银行。据评测，新开设一家银行前三年都很难盈利，主要是前期费用太多，缺乏客户资源，管理制度不完善等原因造成。如果按 15% 的投资回报率，三年时间 1 元也已变成 1.52 元——从这个角度保守去看，银行股也值 1.5 倍即时市净率。

在经济萧条期，如果银行股的期初 ROE 降低至 10% 左右，投资者也不用感到奇怪，以上估值方法依然适用。一旦宏观经济走出泥潭，银行又会恢复之前的盈利能力。而且随着不良双降，银行股会追回之前落下的业绩增速。

只有一种情况需要注意：如果你认为银行股的资产质量堪忧，经测算后发现其在不远的将来盈利无法覆盖坏账损失，甚至可能威胁到银行股股东权益，那么以上估值方法已经失效。遇到这种情况，建议普通投资者远离银行股。如果你对银行股进行过深入研究，认为自己可以掌控局面，那么也请将银行股视为“困境反转股”①。

① 困境反转股对投资者的能力要求非常高，困境反转投资核心要点：一是极低估值，二是反转确立，三是不可全仓。参见《投资第一课》一书第三章第一节。

价值回归试算法的衍生策略

在上一小节中我们已经意识到，股票在持有时间足够长以后，投资收益率会贴近资本累积速度（能力）。并且持股时间越长，业绩增速越快，估值变动对最终投资收益率的影响就越小——这意味着，首先短期资金不能投资股票；其次业绩增速越慢，就越要等股票估值偏低时才出手——如果不幸赶上情形3，一套就是28年。

在前作《投资第一课》中第三章第四节，提到过价值回归试算表。因篇幅所限，本书不再赘述。这里提一个简单的衍生策略，供读者参考。

前面我们提到了：持有任何股票的长期回报率①，与其资本累积速度（能力）一致，并以恒定20%的期初ROE作例。在这个简单的例子中，并未涉及期初ROE变动时的情况。假设某只股票在今后年度的期初ROE分别为20%、10%、-3%、18%、15%、-8%……这是一连串无规律的数字，但不管怎样，持有该只股票的长期回报率还是会贴近它的资本累积速度（能力）。假设在某个时点，以该上市公司的盈利能力，预计未来期初ROE（平均资本累积速度）经平均②后的数值是12%，那么持有该只股票的长期回报率还是会贴近12%。再假设在另一个时点，行业发生变迁，又或者该上市公司遭遇变故，其盈利能力发生永久性下降（非正常波动），使得未来平均期初ROE降低至8%，那么持有该只股票的长期回报率也会降低至8%③。

① 复合年化，下同。

② 此处非算术平均，而是资本累积后（乘法）再开相应次方。

③ 当期初ROE下降时，盈利能力也相应下降，股价不变的情况下估值会升高。例如某股票期初ROE为10%，市盈率为10倍；如果不久后其期初ROE降低至5%，股价不变的情况下市盈率上升至20倍。

投资者如果想要获得高于资本累积速度（能力）的投资回报率，那就得在某个具体持有期间内，选择比买入时更高的估值点再行卖出。买入时的估值越低，则在未来出现更高估值点的概率也越高。股市犹如钟摆，总是在极热和极冷之间摆动，且越靠近估值中枢区域，出现的概率越高。在成熟市场，这个估值中枢区域，应当等于全社会的平均资本回报率。而价值回归试算表，正是假设在未来的五至十年间，股价至少有一次上穿估值中枢，在这个背景下来估算投资收益率。

当银行股估值偏高时，宜用市盈率指标去做演算；而当银行股估值偏低时，宜用即时市净率指标去做演算。之所以这样做，是因为高估区域对应企业的盈利能力往往较强，一旦盈利能力转弱则面临戴维斯双杀，股价波动更剧烈。而低估区域对应企业的盈利能力相对更弱，即使盈利能力继续下降，股价下跌的动也不大，因为市场对它的预期本就低，盈利能力再差总还是有净资产在，留得青山在，不怕没柴烧。

我们用市净率指标来做一次简单的测算：

第一步，预估自己的最短持股期限。我建议五年以内需要用到的资金，不要投资股票。因为股票短期涨跌难以预测，正如前面情形 2 所示，好股票也可能在短期内亏钱。这里我们将持股期限暂定为 7 年。

第二步，对于某银行股，预估其未来 7 年的期初 ROE 可能在 13% 至 20% 之间波动。我们保守点，以 15% 作为平均值。

第三步，假设目前该银行股的股价为 10 元，对应 1 倍的即时市净率，我们以此价格测算 7 年后其每股即时净资产为：$10\times(1+15\%)^7=26.6$（元）。[①]

第四步，因为此前该银行股股价最低为 0.8 倍的即时市净率。所以我们分别假设 7 年后该银行股股价处于 0.8 倍、1 倍、1.5 倍即时市净率，即对应股价 21.28 元、26.6 元、39.9 元。以上股价对应的市盈率约为[②]：

① 为方便理解，该模型未加入分红及再融资情形。

② 根据期初 ROE 为 15% 大致推算。

5.33 倍、6.67 倍、10 倍——其中 10 倍市盈率贴近股市估值中枢。经计算可得对应的复合年化收益率为：11.39%、15%、21.86%。

第五步，如果 11.39% 至 21.86% 的复合年化收益率能够接受，就可以考虑在目前以 10 元的价格买入。在这 7 年期间，任何时间股价提前触及 1.5 倍即时市净率，投资者获得的复合年化收益率都超过 21.86%①。

第六步，须知以上模型是建立在假设基础之上②，其中起决定作用的假设条件是：期初 ROE 在 13% 至 20% 之间波动，对其平均取值 15%。

如何在银行股之间轮动切换？

因为银行的同质化程度较高，所以有不少投资者（包括我）在不同的银行股之间相互切换，以期在获得资本增值的同时，赚取市场波动的额外收益。

前面我们说过，银行股的精确估值难以计算。不过在银行股轮动策略中，并不需要精确估值。一种很典型的做法，在两只质地差不多的银行股之间，又或者同一只银行股的 A、H 股之间，统计它们在最近一段时间的价差（可选取收盘价），将价差记录在表格里，再取平均值。例如：

	第 1 日	第 2 日	第 3 日	第 4 日	第 5 日	第 6 日	第 7 日	……	平均值
银行股 A	15.63	15.7	15.4	15.5	17	16.5	16	……	—
银行股 B	14.72	14.9	15.3	15.8	16.7	16	15.6	……	—
价差（A－B）	0.91	0.8	0.1	－0.3	0.3	0.5	0.4	……	0.438

当银行股 A 比 B 的价差小于平均值 0.438 时，逐步将银行股 B 换成

① 因为与 7 年后才达到 1.5 倍即时市净率相比，这种情况相当于提前拿走了所有的估值变动收益。

② 为了便于理解，以上模型未考虑分红和再融资情况。因为这两个因素对投资收益率的影响，都跟当时的股价相关，还需要进行适当调整。总体来说，分红时股价（估值）越低，分红再投的回报率越高；再融资的价格（估值）越高，给老股东的回报率也越高。

A；反之当 A 比 B 价差大于 0.438 时，逐步将银行股 A 换成 B。我们还可以像处理技术分析指标那样每天更新：去除掉远端的一天，加入最新的一天，然后更新上面的表格。将以上表格中的股价为 Y 轴，时间为 X 轴做成图，所得结果会更直观。至于换股的价差间隙，也可以通过统计算出较佳值。

需要注意这种方法最大的一个假设基础，是未来两者的波动仍延续之前的规律。此外样本选取的时间长短不同，得到的结果也会有差异。一旦股价运行打破之前的规律，例如其中某一只股票相对另一只大幅上涨不再折返，那么我们就会被困在股价涨幅较低的股票上。考虑到频繁交易需要付出较多的摩擦成本，而且关注股价波动也需要花时间和精力，所以我并未采用以上方法。

首先，我会选择持有质地较好、估值较低的银行股 M（两者综合考虑）。其次，如果我持有的银行股 M 一直处于相对更低估状态，那么傻傻持有就行。虽然这样做可能失去一些换股的机会，但也可节省交易费用和时间。最后，如果我持有的银行股 M 涨速快于其他银行股，使得其调整后的估值明显高于某可比银行股 N，并且预估三年之后 N 的估值仍将低于 M——也可理解为，即使 M 更优秀，业绩增速更快，但它花三年时间仍追不上 N。此时，我就会将手中持有的 M 换成 N。至于实际切换效果如何，取决于市场的非理性究竟如何演绎，而非策略本身的好坏。

事实上股票市场本就是非理性的。在某一段稍长（两三年内）的时间里，总会有一些银行股因为某些“无关痛痒”的概念，遭遇一波炒作。也总有一些优质银行股因为市场偏见，股价跌至银行股中的最低估值。所幸拉长时间看，这些错误的定价终会被市场拉回。

需要特别提醒的是，投资者不能把某只银行股孤立起来，去看待它的估值高低。我们需要在不同银行股之间对比，甚至可以逐项拆解分析。

第十三章

银行盈利增长的五大来源

近十年银行股业绩增速

国内上市银行[①]2000 年至 2007 年出现了一轮爆发式增长。许多银行净利润的复合增长率超过 50%，其中一些年度还超过 80%，是当之无愧的"成长股"。这些银行股之所以有如此高的增速，主要原因有：

（1）2000 年前后银行爆发一轮坏账潮，最高时期整个银行业不良贷款率高达 20%。早期银行股的利润基数低，给爆发式增长创造了条件。此后随着经济发展，不良贷款率不断双降，银行的信贷成本逐步走低，优秀银行的不良贷款率降至 1% 以下。

（2）国有大行受困于历史不良贷款，监管单位本着谁行谁上的原则，导致股份行营业网点遍地开花，总资产暴增，股份行发展速度远超国有大行。其中的兴业银行（原福建兴业银行），1996 年才开第一家异地分行，2003 年才摘去前面"福建"二字，而 2007 年已遍布全国大部分一二线城市，由此可见一斑。

（3）当时银行的监管标准，核心资本充足率只需要达到 4% 即可，不到现行标准的一半。当时股份行的杠杆很高，高杠杆放大了盈利能力，足以支持总资产的急速扩充。

（4）期间 M2 的年化复合增速超过 18%，加上经济向好，因此银行业务供需两旺，拥有良好的外部条件。

（5）期间银行股的估值很高，大多数时候在 3 至 8 倍市净率运行。在此期间成行的高价 IPO 及再融资，为银行发展提供了大量资本金，且极大地提高了银行股的每股净资产。

---

① 2000 年至 2007 年已经上市的银行，主要是民生银行、浦发银行、深发展 A（平安银行）等股份行。

（6）随着互联网等技术进步，银行业务的电子化替代率逐年提升，成本不断下降。优秀银行的成本收入比，从40%以上逐步下降到20%出头。

（7）随着经济增长、国民收入增加，金融业提供的服务越来越丰富，银行的非息收入占比也快速提高，其中优秀银行从不足10%逐步提高到20%以上。

虽然这期间银行股的业绩增速较快，但并非任何时候买入银行股都是一笔好投资，特别是2007年估值高点买入——彼时银行股的估值很高。

进入2008年以后，银行股的业绩增速开始放缓，许多银行的业绩增速逐步由30%以上下降至目前的10%以内。主要原因则刚好与前几年的高速增长相对应。

一是受美国次贷危机影响，巴塞尔协议Ⅲ对银行资本充足率的要求大幅提高。依照我国银行监管标准，一级资本充足率由4%提升至8.5%，大行甚至提升至9.5%。

二是各银行股资本金不足，垒规模之路受阻，不得不频繁再融资。但近几年股市低迷，银行再融资难行，再融资价格也偏低。

三是2008年后，国际市场经历次贷危机、欧债危机，而我国的产能过剩压力也于2013年下半年显现，经济增速放缓。银行业的不良在连续多年双降后，开始触底反弹，信贷成本上升。

四是成本收入比下降到一定程度后，继续下降的空间很小。同时，非息收入占比提高的增速也开始放缓。且由于基数原因，这些经营改善对净利润增速的贡献偏小。

五是货币政策上多次降息（含数次非对称降息），挤压了银行利息业务的利差。

银行盈利增长的来源

盈利增长是投资界绕不开的话题，毕竟盈利增长是推动股价上涨的重要因素之一。许多银行股投资者翻开报表第一眼，就是寻找盈利同比增长了多少，但是却很少有投资者愿意花时间搞清这些盈利增长分别来自哪些途径，以及它们的可持续性如何。

银行可以通过多种方式来提高净利润。我们在银行的业绩说明会上可以听到五花八门的说辞，比如多元化金融，提供一站式金融服务；加强内部管理的信息化、自动化；发展供应链金融，切入到上下游企业，与客户建立紧密型合作关系等。但是这些经营上的战略口号，最终能否落到盈利上呢？许多投资者对富国银行的交叉销售赞不绝口，因此对国内某些“交叉销售”的金融企业青睐有加，认为这是一项重要的竞争优势，并愿意以更高估值买入它的股票。其实，所谓交叉销售的优势主要体现在更低的销售成本上，而鲜有投资者将这家金融企业的销售成本率与竞争者进行横向对比。

我们暂且抛开各种体面的说辞，不管那些具体的、细小的运营细节，直接从运营结果出发去看反而更简单。前面我们提过银行的利润表，我们可以拆解这张表，从而得到银行盈利增长的主要来源。

来源一：生息资产规模增长。普通生产型企业的营业收入的增长，主要来自两方面，一是销售更多的产品，二是提高单位产品的售价。此处银行的生息资产规模，就相当于生产型企业的销售产品。银行生息资产规模增加，会提升它的净利息收入。因为银行的大部分资产都是生息资产①，

① 非生息资产占比很小，主要有现金、贵金属、固定资产、无形资产、商誉、递延所得税资产等。

所以也可以近似看作总资产规模增长。

生息资产规模增长是盈利增长最主要的来源之一，它的可持续性较强。整体银行业的资产增速基本与货币供应量保持同步，这方面的增长是没有“天花板”的。但是，生息资产增长需要更多的核心一级资本来支持。生息资产乘以信用风险权重，就得到信用加权风险资产。虽然近些年银行都在追求“轻资本”发展，将风险权重较高的资产替换成较低的——但这种努力的效果有限，且可持续性差。长远来看，银行的信用加权风险资产增速与其生息资产增速基本保持一致，也就是说银行垒资产的同时，需消耗对应的核心一级资本。

来源二：净息差提升。银行的净息差提升，就相当于普通企业提高了单位产品的售价。第（1）项和第（2）项都会影响净利息收入，因为生息资产平均余额×净息差=净利息收入。净息差较大的银行，要么是生息资产利率较高，要么是付息负债利率较低，前者可能承担更大的资产风险，后者可能承担更多的营业成本，投资者要认真甄别。所谓“失之桑榆，收之东隅”，我们反过来推导：当某银行的净息差相对同行提升较多时，我们要注意它是不是配置了风险更高的资产，这样的话它可能会在以后的年度增加资产减值损失；同时也要注意它是不是发力零售金融，努力增加利率更低的零售存款，这样的话它的业务及管理费有可能会提高。

虽然各银行的生息资产规模增速不同，但随着时间推移基本都是增长的，倒退的银行很少见。而银行的净息差则不同，它可能增大也可能变小。一般而言，升息周期银行的净息差增大，反之降息周期净息差缩小。不管怎样，银行的净息差不可能一直扩大下去，也不可能一直缩小下去。所以，我更倾向于将净息差变动看作一次性的、不可持续的盈利影响因素。

对于普通生产型企业来说，有两种周转模式：一是降低商品售价，以低利润率换取高周转（薄利多销）；一种是提升商品售价，少周转但利润率高。这两种周转模式对应不同消费阶层，大众型商品主要看周转率，奢侈型商品主要看利润率。但对于银行来说，不管服务对象是哪个阶层，都不存在周转率的说法——银行没有快周转的商业模式。如果硬要说银行的周转率，那么它的总资产相当于一年周转一次，各家银行都一样。

来源三：手续费及佣金等中间业务收入增加。除了信用卡业务外，其他的手续费及佣金收入消耗资本相对较少，这也是银行“轻资本”战略的发力点之一。我们往往比较青睐中收占比较高的银行，但中间业务收入增速快于净利息收入的银行，中间业务对盈利增长的贡献才更大。

虽然中间业务收入几乎不计入信用加权风险资产（信用卡业务除外），但这些业务的开展，其实都是依附在银行总资产规模（客户量及客户资金量）之上的。随资产规模增长，中间业务收入增长的可持续性较强，但中收占比提升的可持续性略差。

除去手续费及佣金收入，我们在报表中还能找到投资收益、公允价值变动损益、汇兑净收益等非息收入。这些科目都可正可负，持续性差，一般可将其视同非经常性损益。

来源四：减少业务及管理费。前面几项都是开源，而业务及管理费则是节流。其中的大头是员工薪酬，约占一半左右，其次是固定资产折旧、网点租金、电子设备运营支出等各项支出——可以理解为人占一半，物占一半。

银行减少业务及管理费可以提高净利润，但这种努力所能收到的效果会越来越弱。我们需要注意这其中的基数问题。例如，甲公司所有收入为100亿元，所有成本从90亿元降至80亿元，降幅11.11%，税前利润从10亿元提升至20亿元，增幅为100%；乙公司所有收入为100亿元，所有成本从20亿元降至10亿元，降幅50%，但税前利润从80亿元提升至90亿元，增幅只有12.5%。乙公司在降费上的努力远远超过甲公司，但降费措施对净利润增速的贡献程度却远不及甲公司。

来源五：减少资产减值损失计提。在第十一章中，我们提到过“调节”利润的四种手法，其中最常见的就是从拨备计提入手。如果银行的资产质量确实转好，所需计提的资产减值损失减少，那么这种途径带来的利润增长可以看作是真实的。但如果只是出于调节利润的目的，那么这种利润增长不仅是空中楼阁，而且还不可持续。

在我看来，盈利增长不等于盈利能力增长。盈利增长可看作净利润增加，而盈利能力增长则是期初 ROE 的提升，是建立在已投入资本的基础上的。一个拿 100 亿元赚回 1 亿元的企业，另一个拿 1 亿元赚回 3 千万的企业，可以说前者比后者盈利多，但不能说前者盈利能力强。

虽然银行总说自己要摆脱“垒规模”的发展模式，但这一项却恰恰是质量最好、可持续性最强的盈利增长来源。而其他四个方面对盈利数额增长贡献的可持续性略差。银行在“垒规模”以外的这些方面努力，有利于改善其盈利能力，也就是提升期初 ROE 水平。但如果资产规模不增长，光靠其他四项增长来源是飞不上天的。

期初 ROE 的提升除了从以上几个细项来看，还可以从另外两条途径总体考察，一条途径是看总资产收益率是否提高，或权益乘数是否提高（杠杆比率和核心资本充足率则不同程度下降），这来源于杜邦分析法：净资产收益率 = 总资产收益率 × 权益乘数。第二条途径是看本年度净利润增速是否高于上年度核心资本增速——上面我们提到了净利润增长的五条主要途径，但仅仅净利润增长是不够的，它的增速需要快过资本累积速度。

综上所述，我们将期初 ROE 和盈利增长来源拆解，可以得到图13－1。

银行股业绩预估

银行股素有一季报定全年的说法，因为一季报一出，后三个季度的业

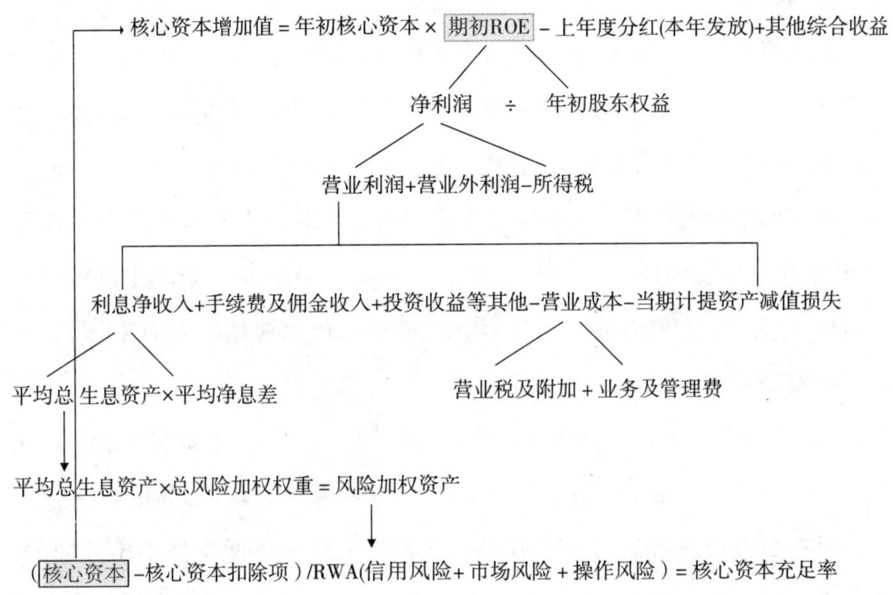

图 13－1　银行 ROE 拆解

绩情况也就八九不离十了。究其原因，一是年初大量资产利率重定价；二是银行有平滑业绩的需求。因此对于银行股投资者而言，最难把握的是一季报。

上一节我们提到了银行股盈利增长的五个主要来源，其实它的业绩预估也是从这五个方面入手。我们来看看具体过程。

第一步：提取生息资产增速。银行的中报和年报中有生息资产平均余额这项数据，但这里我们要用到的是生息资产期末值。我们可以用资产负债表、现金流量表的附表①、减值准备三个表中的数据计算得出。具体算法为：生息资产 = 总资产 − 现金 − 贵金属 − 应收利息 − 长期股权投资 − 固定资产 − 无形资产 − 投资性房地产 − 商誉 − 递延所得税资产 − 其他资产 +

① 主要提取“现金”这一项的数额，因为资产表中有时没有单独的“现金”科目，注意不要把现金等价物加上。扣除现金等价物后的纯现金，须在附表中查找。

各类减值准备。

虽然当季的生息资产增速我们无从得知，但没关系，我们用上一次财报的同比数据去预估。比如预估2016年一季报业绩，我们就用2015年报比2014年报的同比增长数据替代。这个替代数据与实际数据[①]差距非常小，因为四个季度中有三个季度是重叠的，差异部分体现在2015年一季度和2016年一季度的环比增幅上。例如，某银行2015年一季度生息资产环比增加4%，假设2016年一季度环比增6%（预估业绩时暂时未知），它们只相差2%。而2016年多增的这2%，还得分散到1月、2月、3月中去，1月1日多增的可以在整个一季度起作用，但3月31日多增的就跟一季度业绩没什么关系了，我们取个平均，2%的差异只剩下1%的影响力。

对整个银行业来说，一年中四个季度的生息资产增速是平均分配的，不会出现某一个季度大幅波动的情况，这有利于银行股业绩预估。本着早投放早收益的原则，一季度可能略多，四季度可能略少。监管单位也会控制信贷投放速度，给予银行窗口指导。但是对于具体银行股来说，它们的生息资产增速有可能出现大幅波动，这种情况主要是加配了大量的同业资产、应收款项类投资或债券。而这种急速扩张下，负债端不得不依靠同业负债（向同行借钱），因为存款增速很难突飞猛进。

特别注意：净利息收入 = 生息资产平均余额 × 净息差。公式中用到的是生息资产平均余额，但在此处预估时，我们取的是生息资产期末值。如果取平均余额同比增速来预估的话，得到的结果差不多是2015年年中同比2014年年中的同比数据（假设平均余额约等于期中值），这样效果反而差很多。如果只是毛估，对预估数据准确度的要求低，那么我们可以用总资产增速来代替。不过需要注意，两者之间可能存在较大差异，比如，2015年度，中信银行的总资产增长23.76%，而生息资产平均余额增长只

① 2016年一季度同比2015年一季度的增速。

有 14.59%。

第二步：预估净息差。预估净息差变化情况是很难的，特别是一季度的净息差变化，因为中长期贷款利率会在年初集中重定价。如果上一年度央行没有调息，那么我们就用上年三季报或年报的净息差来替代。如果上一年度央行频繁调息，甚至多次非对称调息，那么业绩预估就比较麻烦了。中长期贷款（含按揭贷款）占总生息资产比例越高的银行，净息差受调息的影响也就越大。此外，一些短期限的资产及负债在全年中陆续重定价，投资者手中缺乏详细的比对资料。这里给出两个参考意见：一是银行股的中报和年报会有各类资产的利率和期限情况，感兴趣的读者可以逐项对比。二是可以参考其他较早发布的银行股一季报（最多早十来天）。

注意观察历史净息差变动情况，它在一个季度内的变动幅度不会太大。例如 2015 年虽然经历了 5 次降息，但 2016 年一季报各银行的净息差环比降幅多在 10% 以内。所以前一期财报中的净息差信息，也可成为重要参考。

通过对以上生息资产规模增速和净息差变动两项预估，即可大致预估银行的净利息收入。例如，某银行 2015 年一季度净利息收入为 200 亿元，2015 年末比年初生息资产多增 20%，预计净息差下降 10%，那么我们可以简单得出 2016 年一季报的净利息收入为

去年同期净利息收入 × 规模增长因素 × 净息差变动因素 =

200 ×（1 + 20%）×（1 − 10%）= 216（亿元）

第三步：预估非息净收入、业务及管理费。对于这两块内容，并没有很复杂的精确预估方法，我们采用线性外推法①即可，即将该银行过去三年每季度的数据列在表格里，然后假设它会以均匀的速度运行下去。非息净收入受宏观经济的影响小，而业务及管理费则有一定的刚性，这两大块

① 线性外推法是一种简单的推理方法，即假设事物的变化随时间呈线性变化，因而可以推断事物未来的变化情况。

适合采用线性外推法。

这里需要特别提醒投资者两个注意点：一是业务及管理费往往有季节性差异，这跟银行的会计做账习惯有关。比如有些银行喜欢在一季度多提费用，有些则喜欢在四季度多提，还有一些喜欢均匀分散到四个季度。二是事出反常必有妖。如果银行股这两项数据在某个季度突然特别少，或者突然特别多，那么这些缺口很可能在下个季度补回。不要奇怪，这只是银行“调节”利润的手段罢了。

第四步：预估资产减值损失。这是银行“调节”利润的最主要的手段。注意银行报表中的“资产减值损失”，指的是本期计提了多少减值准备，也就是往“蓄水池”里输送了多少储量，而不是真的损失掉了多少资产。所以在预估银行股业绩时，我们重点不是预估银行的资产质量走势，而是要预估银行高管愿意计提多少减值准备。一方面，如果资产质量恶化，银行有多提拨备的需要，不然“蓄水池”储量不够用；另一方面，银行自身也有平滑业绩的需要，以丰补歉。

以上业绩预估的方法，是对银行最新一期财报的预估。许多投资者更关心未来三五年的业绩情况。在这一方面，我还真没有很好的办法，主要是缺少分析资料，而这些资料来自未来。许多证券研究机构会给出各银行未来三年的业绩预测，但不同的机构给出的预测相差很大，而且与实际结果也都有出入。在这方面我们缺的不是方法，而是准确的方法。如果预测方法本身就是瞎估，那我宁要模糊的正确，也不要精确的错误。

虽然银行股未来三五年的业绩很难预测，但它的每股净资产的走势相对容易把握——它就是银行股期初 ROE 的累积[①]。在上一章中价值回归试算法的衍生策略，就是用期初 ROE 来推断未来的每股净资产。

---

① 还需考虑分红和再融资对每股净资产的影响。

第十四章

银行股纵向拆解对比

为何要纵向拆解对比分析?

投资者可以将银行股近些年的主要财务指标列出，从中可以看到各家银行的发展轨迹。比较重要的指标有：总资产、营业收入、净利润、核心一级资本充足率、ROE（或期初 ROE）等。这些指标可以同时进行纵向（时间轴上）和横向（各银行间）对比。在时间维度上的比较分析，既可以同比比较，也可以环比比较，最好是分季度列出，这样银行"调节"利润的情况也能看得很清楚。

在本书的最后，列出了 A 股 16 家银行近年的营业收入及净利润情况①。总体来说，由于工、农、中、建、交的总资产增速慢于其他行，所以它们的营业收入和净利润增速也较慢。换言之，股份行和城商行的成长性更好。

除主要财务数据外，我们还可以对某家银行的各项数据进行拆解比较。下面我们以中信银行为例，进行逐项拆解。之所以没有继续选择以招商银行为例，是因为在下一章中我们还会在中信和兴业两家银行之间进行横向比较。这两家银行的规模更接近，且资本充足率都采用权重法②，对比结果更直观。

因为银行的现金流量表不用看，所以我们重点集中在资产负债表和利润表。建议银行股投资者至少拆解并对比近五年的财报，它可以让你对自己的投资标的了如指掌。

---

① 注意不要光看净利润增长情况，还需考虑再融资因素。

② 招商银行采用的是高级法（内评法）。

资本盈利能力分析

表 14－1 中信银行资本盈利效率分析表

序号	项目	2014 年末	2015 年末	增幅
1	总资产	4,138,815	5,122,292	23.76%
2	总资产收益率(加权平均)	1.07%	0.90%	-15.89%
3	加权风险资产	2,941,627	3,468,135	17.90%
4	第 3 项/第 1 项	71.07%	67.71%	-4.74%
5	营业收入	124,716	145,134	16.37%
6	其中:剔除信用卡后中间业务收入	16,953	22,255	31.27%
7	普通股股东权益(净资产)	259,677	317,740	22.36%
8	期初 ROE	18.04%	15.15%	-15.98%
9	归属普通股的净利润	40,692	41,158	—
10	现金分红(当年实施)	11,790	0	—
11	核心一级资本净额	262,786	316,159	20.31%
12	核心一级资本充足率	8.93%	9.12%	2.13%
13	股本	46,787	48,935	4.59%

首先来看“轻资本”发展。由表 14－1 可以看到，总资产增速（23.76%）大于加权风险资产增速（17.9%），从这点看算是“轻资本”，因为总资产增加的同时消耗了较少的增量资本，这是评判是否轻资本发展的主要指标之一；但是营业收入增速（16.37%）仍小于加权风险资产增速（17.9%），说明营业收入增加的同时需要消耗更多的增量资本。所以我们还得看看剔除信用卡业务后的中间业务收入①，其增速为 31.27%，超过加权风险资产增速。通过后面的表 14－5 我们可以发现，中信银行这里的营业收入增速不及总资产增速，主要拖后腿的是净利息收入。一方面净

① 这部分业务的对资本的消耗较少。

息差下降，另一方面生息资产增速不及总资产增速。

此外，中信银行的普通股股东权益增加了22.36%，但核心一级资本净额却只增加20.31%。翻开中信2015年财报第300页，原来主要原因是2014年“少数股东资本可计入部分”从43.11亿元减少到0.75亿元。再细审报表，原来是收购BBVA手中的中信国金29.68%股权（减少了少数股东权益63.95亿元）所致。2015年归属普通股的净利润为411.58亿元，当年没有进行现金分红①，所以利润滚存对股东权益的补充率为15.85%；此外，其他综合收益（归属普通股）54.17亿元，补充率为2.08%，但这两项相加，仍比当年股东权益增幅（22.36%）少了一截，怎么回事？我们再看第9项，股本数量增加了！

提示：只要看到股本数增加，马上想到两种可能性，要么是再融资了，要么是送转股了。中信银行2015年没有送转股，不过向中国烟草总公司定向增发了21.48亿股②，约占发行完成后总股份数的4.39%。经过以上各种因素叠加后，一年时间里核心一级资本充足率从8.93%提升至9.12%，最终核心一级资本充足率高于8.5%的监管线。

期初ROE从18.04%降至15.15%，说明资本盈利能力下降。只要净利润增速不及股东权益增速，就会造成期初ROE下降。从后面的表14-5中，我们可以看到造成这种情况的两大主要原因：一是净利息收入增速低于股东权益增速，因为净息差下降（2.4%降至2.31%），生息资产平均余额的增速（14.59%）不及股东权益增速（22.36%）；二是资产减值损失大幅提升，从236.73亿元增加至400.37亿元，占营业收入的比重也从18.98%提升至27.59%。

我们用表14-1的第3项除以第1项，貌似得出了一个可以横向纵向对比的指标。但是特别注意：这个指标没有任何对比意义！之所以在这里

① 2015年时决定，对2014年财年不进行分红，故2015年期间没有实施现金分红。

② 详见2015年中信银行年报第41、42页。

提出，是想提醒读者避开这个知识误区。许多投资者认为，用风险加权资产除以总资产，得出的比例越小，说明这家银行越是“资本节约型”银行。这种思维之所以是错误的，一是忽略了表外项目也会占用资本，同时也会贡献营业收入和利润；二是没有考虑到风险权重低的资产可能盈利能力弱，因为风险偏低，所以它们带来的营业收入和利润也可能更低。

资产变动分析

表 14－2　中信银行表内外资产变动　　单位:百万元人民币

序号	资　产	2014 年末值	占比	2015 年末值	占比	资产增幅
1	现金及存放中央银行款项	538,486	13.01%	511,189	9.98%	-5.07%
2	存放同业款项	93,991	2.27%	80,803	1.58%	-14.03%
3	贵金属	411	0.01%	1,191	0.02%	189.78%
4	拆出资金	68,180	1.65%	118,776	2.32%	74.21%
5	以公允价值计量且其变动计入当期损益的金融资产	27,509	0.66%	26,220	0.51%	-4.69%
6	衍生金融资产	8,226	0.20%	13,788	0.27%	67.61%
7	买入返售金融资产	135,765	3.28%	138,561	2.71%	2.06%
8	应收利息	26,125	0.63%	30,512	0.60%	16.79%
9	发放贷款和垫款	2,136,332	51.62%	2,468,283	48.19%	15.54%
10	可供出售金融资产	209,404	5.06%	373,770	7.30%	78.49%
11	持有至到期投资	177,957	4.30%	179,930	3.51%	1.11%
12	应收款项类投资	653,256	15.78%	1,112,207	21.71%	70.26%
13	长期股权投资	870	0.02%	976	0.02%	12.18%
14	固定资产	14,738	0.36%	15,983	0.31%	8.45%
15	无形资产	1,283	0.03%	1,653	0.03%	28.84%
16	投资性房地产	280	0.01%	325	0.01%	16.07%
17	商誉	795	0.02%	854	0.02%	7.42%
18	递延所得税资产	9,317	0.23%	7,981	0.16%	-14.34%

续表

序号	资　产	2014 年末值	占比	2015 年末值	占比	资产增幅
19	其他资产	35,890	0.87%	39,290	0.77%	9.47%
20	总计	4,138,815	100.00%	5,122,292	100.00%	23.76%
	表外项目					
21	银行承兑汇票	712,985	51.74%	631,431	46.01%	-11.44%
22	开出保函	124,008	9.00%	133,567	9.73%	7.71%
23	开出信用证	134,766	9.78%	92,164	6.72%	-31.61%
24	不可撤销贷款承诺	188,338	13.67%	200,933	14.64%	6.69%
25	信用卡承担	124,106	9.01%	149,138	10.87%	20.17%
26	经营性租赁承诺	14,084	1.02%	14,799	1.08%	5.08%
27	资本承担	8,413	0.61%	7,232	0.53%	-14.04%
28	用作质押资产	71,219	5.17%	143,182	10.43%	101.04%
29	总计	1,377,919	100.00%	1,372,446	100.00%	-0.40%
30	调整后表内外资产余额	5,096,499	—	6,044,069	—	18.59%

通过对资产变动表的分析，我们可以看出该银行在资产配置上的变化。这张表我们主要观察比例变化，重点注意占比较大的科目如何变动，以及比例变动幅度较大的科目有哪些。

表 14-2 中变动较多的表内资产有：第 1 项占比减少较多，主要是央行多次下调存款准备金率；第 9 项占比减少较多，第 10、12 项占比增加较多，主要是该银行更倾向于配置债券、应收款项类投资，而相应地放缓了贷款规模的增速。在近一两年，由于增速放缓，贷款的不良率偏高，所以许多银行都有这种配置倾向。最后来看属于同业资产的第 2、4、7 项，它们的总金额变动幅度不大。

除了表内资产，我们也稍微注意一下表外项目的变动情况。此处中信银行的表外项目总额变化不大，几乎原地踏步，但各组成部分有所变动，比如“用作质押资产”增加较多，而“开出信用证”则减少较多。最终的调整后表内外资产余额增幅为 18.59%，低于表内总资产增速。

负债变动分析

表 14－3　中信银行负债变动　　单位：百万元人民币

序号	负　债	2014 年末值	占比	2015 年末值	占比	负债增幅
1	向中央银行借款	50,050	1.29%	37,500	0.78%	-25.07%
2	同业及其他金融机构存放款项	688,292	17.78%	1,068,544	22.25%	55.25%
3	拆入资金	19,648	0.51%	49,248	1.03%	150.65%
4	以公允价值计量且其变动计入当期损益的金融负债	573	0.01%	0	0.00%	-100.00%
5	衍生金融负债	7,347	0.19%	11,418	0.24%	55.41%
6	卖出回购金融资产款	41,609	1.07%	71,168	1.48%	71.04%
7	吸收存款	2,849,574	73.60%	3,182,775	66.27%	11.69%
8	应付职工薪酬	11,521	0.30%	8,302	0.17%	-27.94%
9	应交税费	5,985	0.15%	4,693	0.10%	-21.59%
10	应付利息	37,311	0.96%	38,159	0.79%	2.27%
11	预计负债	5	0.00%	2	0.00%	-60.00%
12	已发行债务凭证	133,488	3.45%	289,135	6.02%	116.60%
13	递延所得税负债	0	0.00%	10	0.00%	—
14	其他负债	26,066	0.67%	41,652	0.87%	59.79%
15	负债合计	3,871,469	100.00%	4,802,606	100.00%	24.05%

对于负债而言，主要来源就是两大块，一块是存款，一块是同业负债。一般而言，存款的增速很难突增①（毕竟拉存款不容易），所以如果某银行的资产规模增速比同行快很多，十有八九就是同业负债撑起来的。看这张表时，我们第一眼先看存款。这里中信银行的存款（第 7 项）占比是

① 存款增长也是银行一项重要的能力，毕竟存款这项负债的利率成本低。如果银行存款突增，一般是结构性存款，在接下来的一两个季度又会缩回正常增长水平。

减少的，从73.6%降低至66.27%。存款减少的占比，就得用其他负债来补充——属于同业负债的第2、3、6项，都同比上年出现了50%以上的增长，此外第12项的“已发行债务凭证”也出现了翻倍的增长，这里主要是发行同业存单[①]激增，从2014年的236.86亿元增长至2015年的1713.56亿元。

此处虽然中信银行的存款占总负债的比例降低，但其总额还是提升的，由28495.74亿元增加至31827.75亿元。特别注意，如果某家银行连续两个季度出现存款总金额减少的情况，投资者就必须搞清楚究竟出了什么问题？因为存款是各银行不可放弃的工作重点，如果存款总金额长时间减少，那么这家银行可能面临客户流失的窘境。

贷款质量分析

表14－4　中信银行贷款质量分析　　单位：百万元人民币

序号	项　目		2014年末值	占比	2015年末值	占比
1	贷款与垫款（总额）		2,187,908	100.00%	2,528,780	100.00%
2	不良行业占比	其中：制造业	384,521	17.57%	414,273	16.38%
3		其中：批发与零售	290,107	13.26%	260,675	10.31%
4	逾期及重组贷款	逾期贷款	75,944	3.47%	74,900	2.96%
5		其中：91天以上逾期	32,910	1.50%	37,902	1.50%
6		重组贷款	13,724	0.63%	8,482	0.34%
7		逾期＋重组贷款	89,668	4.10%	83,382	3.30%
8	关注及不良	不良贷款（次级＋可疑＋损失）	28,454	1.30%	36,050	1.43%
9		关注类贷款	68,161	3.12%	90,392	3.57%

① 同业存单是同业存款的替代品，其实也可看作同业负债。银行股同业存单主要活跃在同业借贷市场，利率随shibor（上海银行间同业拆放利率）报价。银行发行同业存单后，由其他金融机构（含银行）购买或转让交易。

续表

序号	项 目		2014 年末值	占比	2015 年末值	占比
10	不良认定宽松度	逾期不良比	266.90%		207.77%	
11		其中:91 天逾期不良比	115.66%		105.14%	
12	已逾期未减值	已逾期未减值	47,598	2.18%	41,536	1.64%
13		已逾期未减值中担保物覆盖部分	21,634	0.99%	17,988	0.71%
14	贷款减值准备(蓄水池)	贷款减值准备	51,576	2.36%	60,497	2.39%
15		拨备覆盖率	181.26%		167.81%	
16		当期计提	22,074	1.01%	35,120	1.39%
17		当期核销及转出	11,608	0.53%	26,207	1.04%
18	贷款质量恶化度	本期不良生成(核销及转出前)	20,096	0.92%	33,803	1.34%
19		本期逾期+重组贷款生成(同上)	51,963	2.38%	19,921	0.79%

中信银行的不良资产主要集中在贷款这一块①，所以我们重点来看看贷款质量如何变化。

从各银行财报中，我们了解到现阶段不良率较高且金额较多的行业主要有三个：制造业、批发与零售业、采掘业（采矿业）。中信银行的报表中没有采掘业一项（可能放在“其他”里），而前两个不良高发行业占总贷款的比重都在下降，两项总计由 30.83% 降至 26.69%，这是一个好现象。

逾期和重组贷款方面，逾期贷款和重组贷款占比都有所降低，91 天以上逾期占比维持不变。逾期重组贷款率由 4.1% 降低至 3.3%，是一个不错的成绩。由于外部宏观经济条件仍然没有 V 形反转的迹象，所以很难说中信银行的贷款迎来不良拐点，往后我们还得继续观察。不良贷款和关注类贷款都微升，2015 年末不良贷款率为 1.43%，在股份行中算是中等偏上水平。我们用逾期不良比和 91 天以上逾期不良比两个指标来衡量银行对不良

① 可翻阅中信银行 2015 年财报第 324 页的“信用风险”一节，其中同业资产、债券投资、应收款项类投资的逾期金额很少（1.58 亿元）。并非所有银行都只看看贷款质量就行，比如兴业银行 2015 年财报第 203 页，其同业资产、投资、应收租赁款等贷款外资产已有 178.7 亿元的逾期资产。

贷款的认定宽松程度，中信银行两项指标均在下降，说明不良贷款认定标准趋严。与此同时，已逾期未减值贷款的占比也在降低，由 2.18% 降低至 1.64%，其中担保物覆盖部分占比由 0.99% 降至 0.71%。

贷款减值准备方面，2015 年中信银行新增了 89.21 亿元拨备，拨贷比由 2.36% 升至 2.39%，只是略微提升。需要注意，中信银行这个拨贷比指标需要在 2016 年末达标（2.5%）。2015 年，中信银行计提的贷款减值准备比上年增加 130.46 亿元，这也是净利润增速低于营业收入增速的主要原因。同时，核销和转出则增加 145.99 亿元。本期不良生成率从 0.92% 提升至 1.34%，但逾期重组生成率却从 2.38% 降至 0.79%，大幅下降。这可能是 2014 年有许多逾期贷款“憋”着没有划入不良，到 2015 年才开始用时间换空间。

以上几点综合来看，中信银行的贷款质量有所好转，至少没有加速恶化。

盈利分析

表 14－5　中信银行利润分析　　　　单位：百万元人民币

序号	项　目	2014 年	占比	2015 年	占比	增幅
1	一、营业收入	124,716	100.00%	145,134	100.00%	16.37%
2	利息净收入	94,741	75.97%	104,433	71.96%	10.23%
3	利息收入	205,639		215,661		
4	利息支出	－110,898		－111,228		
5	手续费及佣金净收入	25,313	20.30%	35,674	24.58%	40.93%
6	手续费及佣金收入	26,972		37,639		
7	手续费及佣金支出	－1,659		－1,965		
8	投资收益	2,585	2.07%	3,127	2.15%	20.97%
9	其中：对联营企业的投资收益	202		53		

续表

序号	项　目	2014 年	占比	2015 年	占比	增幅
10	公允价值变动(损失)/收益	1,061	0.85%	-519	-0.36%	-148.92%
11	汇兑净收益	827	0.66%	2,300	1.58%	178.11%
12	其他业务收入	189	0.15%	119	0.08%	-37.04%
13	二、营业支出	-70,312		-90,497		
14	营业税金及附加	-8,827	-7.08%	-10,033	-6.91%	13.66%
15	业务及管理费	-37,812	-30.32%	-40,427	-27.85%	6.92%
16	资产减值损失	-23,673	-18.98%	-40,037	-27.59%	69.13%
17	三、营业利润	54,404		54,637		
18	加:营业外收入	327		491		
19	减:营业外支出	-157		-142		
20	四、利润总额	54,574		54,986		
21	减:所得税费用	-13,120		-13,246		
22	五、净利润	41,454	33.24%	41,740	28.76%	
23	其中:归属于普通股股东的	40,692		41,158		1.15%
24	六、其他综合收益(税后净额)	5,180		5,644		
25	七、综合收益(五+六)	46,634	37.39%	47,384	32.65%	
26	其中:归属于普通股股东的	45,866		46,575		1.55%

还记得我们在上一章讲盈利增长的五个主要来源吗？这在利润表上体现得很清楚。

2015 年中信银行营业收入增长 16.37%，其中净利息收入增长 10.23%，其中生息资产平均余额增长 14.59%，净息差降低 3.75%（见表 14-6），两者叠加后即为 10.23%。手续费及佣金收入增长 40.93%，这是一个比较高的增速，其占比也由 20.3% 提高至 24.58%。

营业支出方面，业务及管理费用控制较好，其增速低于营业收入，所以成本收入比由 30.32% 降低至 27.85%。但由于资产质量下滑压力，资产减值损失（计提）增加较多，占比由 18.98% 升至 27.59%。因此，最终归属于普通股的净利润和综合收益都只增长了 1% 左右。由于中信银行向烟草总公司发行了约 4.39% 的新股，所以 2015 年摊薄后的每股收益其实是下降的①。

以上盈利增长的五大来源，资产减值损失的具体情况我们在前面已经分析过，这里我们将生息资产和净息差、手续费及佣金收入、业务及管理费继续拆解，得出表14－6、表14－7、表14－8。

表14－6　中信银行生息资产及净息差分析　单位：百万元

序号	项　目	2014年平均余额	利率%	2015年平均余额	利率%	利率变动%
1	生息资产					
2	客户贷款及垫款	2,074,393	6.31	2,327,333	5.85	－0.46
3	债券投资	347,377	4.03	471,232	3.86	－0.17
4	存放中央银行款项	506,580	1.49	510,289	1.47	－0.02
5	存放同业及拆出资金款项	276,146	3.56	221,356	1.92	－1.64
6	买入返售款项	231,483	5.27	102,603	3.90	－1.37
7	应收款项类投资	503,898	6.17	878,034	5.20	－0.97
8	其他	3,916	0.08	8,284	0.07	－0.01
9	小计	3,943,793	5.21	4,519,131	4.77	－0.44
10	付息负债					
11	客户存款	2,766,590	2.43	3,003,860	2.16	－0.27
12	同业及其他金融机构存放及拆入款项	764,241	4.95	981,227	3.72	－1.23
13	卖出回购款项	23,280	3.60	23,057	2.43	－1.17
14	同业存单	13,693	4.78	71,480	4.14	－0.64
15	已发行存款证	12,497	1.89	7,365	1.64	－0.25
16	应付债券	75,244	4.95	101,304	5.24	0.29
17	向中央银行借款及其他	9,618	3.71	28,549	3.51	－0.20
18	小计	3,665,163	3.02	4,216,842	2.64	－0.38
19	净息差		2.40		2.31	－0.09

如表14－6所示，中信银行的利率变动中，第5、6、7项资产利率下降较快，第12、13、14项负债利率下降较快，这些资产及负债久期较短。

① 财报中的每股收益0.88元，分母中的股本是按全年时长加权计算的（新股接近年末才发行），而摊薄后的每股收益为0.841元。

总体而言净息差缩窄了9个基点，由2.4%降至2.31%，这个降幅不算大，毕竟2015年央行5次降息。估计2016年初长期贷款重定价后，净息差还会有所缩窄。

表14－7　中信银行手续费及佣金收入分析　单位：百万元人民币

序号	项　目	2014年	2015年	增幅
1	银行卡手续费	8,358	13,419	60.55%
2	顾问和咨询费	5,638	6,972	23.66%
3	结算业务手续费	2,213	1,747	-21.06%
4	理财服务手续费	3,958	5,808	46.74%
5	代理手续费	1,795	3,711	106.74%
6	托管及其他受托业务佣金	1,522	2,228	46.39%
7	担保手续费	3,178	3,131	-1.48%
8	其他	310	623	100.97%
9	小计(以上1~8项)	26,972	37,639	39.55%
10	手续费及佣金支出	-1,659	-1,965	18.44%
11	手续费及佣金净收入	25,313	35,674	40.93%

如表14－7所示，中信银行的手续费及佣金收入增长，主要由于银行卡手续费（信用卡）、理财服务手续费、代理手续费、托管及其他受托业务等项目增长较快。

表14－8　中信银行业务及管理费分析　单位：百万元人民币

序号	项　目	2014年	2015年	增幅
1	员工成本	21,156	22,387	5.82%
2	其中：员工人数(人)	50,735	56,489	11.34%
3	其中：平均人工成本(元)	416,990	396,307	-4.96%
4	物业及设备支出及摊销费	7,782	8,763	12.61%
5	其中：网点数量(个)	1,230	1,353	10.00%
6	其中：自助设备(台)	11,128	11,044	-0.75%
7	其他	8,874	9,277	4.54%
8	业务及管理费用合计	37,812	40,427	6.92%
9	成本收入比	30.32%	27.85%	-8.15%

如表 14 - 8 所示，中信银行的各项业务及管理费同比增速，均低于营业收入增速，所以成本收入比下降。

员工成本增幅为 5.82%，其中员工总数为 56489 人，增速为 11.34%，低于营业收入增速；而平均人工成本甚至是降低的，降幅为 4.96%。由于通货膨胀及工资刚性等原因，正常情况下人工成本上升的概率远大于下降。但近一两年许多银行的平均人工成本有下降趋势，主要原因可能是贷款不良率上升，因此信贷客户经理的薪资及奖金下降。

2015 年，中信银行在 128 个城市共有 1353 个机构网点，同比增长 10%；共有自助设备 11044 台，同比略减。物业及设备支出及摊销费增幅为 12.61%，也低于营业收入增速。

纵向对比总结

2015 年，中信银行的期初 ROE 由上年的 18.04% 降低至 15.15%，降幅达 15.98%。

期末的权益乘数由上年的 15.94 倍轻微提升至 16.12 倍，核心一级资本充足率则由 8.93% 轻微提升至 9.12%，变动幅度在 1% 至 2% 左右。由此可见，权益乘数的变化并非其期初 ROE 下降的主要原因，我们将主要目光放在总资产收益率的变化上。

总资产收益率（加权）由上年的 1.07% 降至 0.9%，降幅 15.89%，这几乎与期初 ROE 的降幅相等。从盈利增长的五大来源去拆解，可以清晰看到总资产收益率下降的原因。其中拉后腿的主要有：

（1）生息资产增速不及总资产增速；

（2）净息差下降；

（3）资产减值损失计提大幅增加。

虽然以上三个负面因素对盈利增长造成拖累，但我们也欣喜地看到了经营上的改善，主要表现在：

（1）非息收入增速高于总资产增速；

（2）业务及管理费增速低于总资产增速。

第十五章

银行股横向拆解对比

为何要横向拆解对比分析？

上一章我们讲了同一家银行在时间轴上的纵向比较，并以中信银行为例进行了分析。其实我们前面提到的任何指标，都可以进行这种纵向比较，银行股投资者甚至还可以研发自己的对比指标。通过纵向对比分析，我们可以了解某家银行的发展历程。

如果将纵向对比的银行数量由一家提升至两家以上，那么我们还可以了解各银行股之间的差异，为选定最终投资标的提供依据。各银行股之间的横向对比，以及它们在时间轴上的纵向对比，组成了一个丰富的立体网络。

但是在横向对比时，仅仅针对各种数据机械地进行对比是远远不够的。我们必须找出它们在盈利能力上的差异，造成这些差异的原因，以及它们的优势能否保持，劣势能否改善？要完成这项工作，我们还得运用逻辑思维，一步一步探寻，边研究边发现——就好像在迷宫中寻找出口一样。

因为这些对比分析工作太烦琐，所以我不建议普通投资者对所有银行股都一一拆解。其实我们可以用历年的总资产、营业收入、净利润、核心一级资本充足率、ROE（或期初 ROE）等指标进行初筛，找出历史盈利能力较强的银行股。虽然过往的成绩并不代表未来，但好学生继续考高分的概率更大。而差学生也不会突然考高分，这期间得有一个慢慢提升的过程。在考察银行盈利能力的基础上，再结合股价（估值）情况，选定三四家银行重点关注，并进行详细的拆解对比。

下面我们以中信银行和兴业银行的 2015 年财报为例，进行横向拆解对比分析。2016 年初，中信银行 H 股（HK：00998）股价大约徘徊在 0.6 倍即时市净率，兴业银行 A 股（SH：601166）则约为 1 倍即时市净率。至于哪一家更值得投资，则是仁者见仁，智者见智。

资本盈利能力分析

表 15 - 1　中信 VS 兴业：资本盈利效率分析

序号	项　目	中信银行 A	兴业银行 B	A/B - 100%
1	总资产	5,122,292	5,298,880	-3.33%
2	总资产收益率(加权平均)	0.90%	1.04%	-13.46%
3	加权风险资产	3,468,135	3,427,649	1.18%
4	营业收入	145,134	154,348	-5.97%
5	普通股股东权益(净资产)	317,740	287,743	10.42%
6	加权 ROE	14.55%	18.89%	-22.98%
7	期初 ROE	15.15%	20.21%	-25.03%
8	归属普通股的净利润	41,158	50,156	-17.94%
9	普通股现金分红	0	10,560	—
10	核心一级资本净额	316,159	289,769	9.11%
11	核心一级资本充足率	9.12%	8.43%	8.19%
12	股本	48,935	19,052	—

由表 15 - 1 我们看到，以 2015 年为基准，中信银行和兴业银行确实是两家规模差不多的银行——中信银行的总资产比兴业少 3.33%，加权风险资产则多出 1.18%。**在横向比较中，我们的重点工作是找出造成两者盈利能力（ROE）差异的原因。**

根据两者财报中的数据，中信和兴业的加权 ROE 分别为 14.55% 和 18.89%，前者比后者低 22.98%[①]。对于这一差异，我们如何进行拆解呢？

首先我们用杜邦分析法来看，即 ROE（加权）= 总资产收益率 × 权益乘数。中信银行的总资产收益率（加权）为 0.90%，而兴业银行则为

① 经计算得出 2015 年中信银行的期初 ROE 为 15.15%，而兴业银行则为 20.21%，前者比后者低 25.03%。

1.04%，前者比后者低 13.46%。这一因素差不多占了两者加权 ROE 差异（前者比后者低 22.98%）的一半。

中信银行的股东权益（净资产）比兴业银行多 10.42%，但总资产却比兴业银行少 3.33%。兴业银行用更少的股东权益，撬起了更多的总资产——毫无疑问兴业银行的权益乘数更高。按 2015 年初的数据计算，中信和兴业的权益乘数分别为 15.94 倍和 17.76 倍；而按 2015 年末的数据计算，则分别为 16.12 倍和 18.42 倍。平均而言，中信的权益乘数约比兴业低 11.4%。这一因素差不多占了两者 ROE 差异（前者比后者低 22.98%）的另一半。

综合以上两点，即有

ROE 差异 = 总资产收益率因素 × 权益乘数因素 =

（100% －13.46%）×（100% －11.4%）=76.67%

最终结果为 76.67%，即中信比兴业低 23.33%。这个数据与 ROE 对比数据（中信比兴业低 22.98%）略有出入，主要原因是此处总资产收益率采用全年加权计算，而权益乘数则采用期初和期末的平均值（中信再融资的时点靠近年尾）。

此处我们用总资产收益率和权益乘数来进行拆解，其实有欠完善的地方。首先我们用了总资产收益率这个指标，这样的话等于将银行表外项目所产生的盈利也都看作是表内资产所产生。那么，为何我们不用“调整后表内外资产余额”来代替总资产呢？因为在表外项目之外，还有表表外项目（即不入表的），例如担保手续费来自表外项目，而理财产品销售手续费则来自表表外项目。此外，“调整后表内外资产余额”中的表外项目是依据信用转换系数进行调整的，这个转换系数适用于政策监管，但在财务对比中不一定合适。其次，我们用到了权益乘数这个指标，但银行发展的重要束缚条件是资本充足率（特别是核心一级资本充足率），权益乘数①不

① 银行的杠杆率和权益乘数是两个不同的概念。

被纳入监管指标——好在权益乘数和核心一级资本充足率有着大致的对应关系。

我们用净利润除以加权风险资产，得到的结果可称为加权风险资产收益率。因此 ROE 还可以这样拆解①：

ROE = 加权风险资产收益率 × （1/核心一级资本充足率）

即相当于用加权风险资产收益率代替总资产收益率，用核心一级资本充足率的倒数代替权益乘数。这样做的好处是直接将核心一级资本充足率纳入到拆解中，但它又跟后续很多分析的口径都搭不上边，如逾期资产比率（分母是总资产）等。

因为以上理由，我更建议用传统的杜邦分析法来分解 ROE，只不过还须辅以核心一级资本充足率的对比数据。截至 2015 年末，兴业银行共发行了 260 亿元优先股②，而中信银行暂未发行优先股。因为核心一级资本是银行发展中最主要的束缚条件（优先股和二级资本债相对容易发行），所以我们重点以核心一级资本充足率以及相关数据作为对比基准。2015 年末，中信银行的核心一级资本充足率为 9.12%，而兴业为 8.43%，前者比后者高出 8.19%（9.12% ÷8.43% －100%）。

在总资产收益率和权益乘数两个因素中，**因权益乘数（核心一级资本充足率）而产生了更高盈利能力，这一块并不属于银行的竞争优势。**因为任何③银行都可以通过提高权益乘数（降低核心一级资本充足率）来提升自己的 ROE。而一旦逼近监管红线，银行又不得不放慢发展脚步，或者再融资（老股东股权会被摊薄）。

银行股投资者需要注意的是，一些银行的核心一级资本充足率长期大

---

① 当核心一级资本与股东权益数额贴近时，计算结果偏差较小。当核心一级资本扣除项较多时，则计算结果偏差较大。

② 扣除发行费用后还有 259.05 亿元，计入“其他权益工具”科目。

③ 注意系统重要性银行的一级资本充足率要求为 9.5%，而一般银行为 8.5%。

幅高于监管线，这种情况下虽然抗风险能力更强，但股东的回报率也被拉低了（低权益乘数）。另一方面，核心一级资本充足率逼近监管红线的银行，如果能在股市火热期高价再融资，也可获得弯道超车的机会。

在这一步的分析中，我们的结果是：两者盈利能力的差异，总资产收益率和权益乘数大约各贡献一半。因为两者的核心一级资本充足率与权益乘数并不是倒数关系，所以这里补充对比两者的核心一级资本充足率：2015 年末中信银行的核心一级资本充足率为 9.12%，而兴业为 8.43%。

在后面的分析中，我们主要来看两者在总资产收益率中的差异，以及形成差异的原因。

资产结构分析

银行的盈利能力是依附在其资产和负债之上的，所以接下来我们照例来看看两者的资产结构有何不同。

表 15－2　中信 VS 兴业：资本结构分析　单位：百万元人民币

序号	项　目	中信银行	占比	兴业银行	占比
表内资产					
1	现金及存放中央银行款项	511,189	9.98%	417,911	7.89%
2	存放同业款项	80,803	1.58%	42,347	0.80%
3	贵金属	1,191	0.02%	42,010	0.79%
4	拆出资金	118,776	2.32%	56,336	1.06%
5	以公允价值计量且其变动计入当期损益的金融资产	26,220	0.51%	128,685	2.43%
6	衍生金融资产	13,788	0.27%	13,933	0.26%
7	买入返售金融资产	138,561	2.71%	225,924	4.26%
8	应收利息	30,512	0.60%	21,743	0.41%
9	发放贷款和垫款	2,468,283	48.19%	1,724,822	32.55%
10	可供出售金融资产	373,770	7.30%	426,634	8.05%

续表

序号	项　目	中信银行	占比	兴业银行	占比
11	持有至到期投资	179,930	3.51%	206,802	3.90%
12	应收款项类投资	1,112,207	21.71%	1,834,906	34.63%
13	应收融资租赁款	—	—	74,146	1.40%
14	长期股权投资	976	0.02%	1918	0.04%
15	固定资产	15,983	0.31%	11,368	0.21%
16	在建工程	—	—	6,461	0.12%
17	无形资产	1,653	0.03%	519	0.01%
18	投资性房地产	325	0.01%	—	—
19	商誉	854	0.02%	532	0.01%
20	递延所得税资产	7,981	0.16%	14,532	0.27%
21	其他资产	39,290	0.77%	47,531	0.90%
22	总计	5,122,292	100.00%	5,298,880	100.00%
表外项目					
23	银行承兑汇票	631,431	46.01%	498,589	50.10%
24	开出保函	133,567	9.73%	132,130	13.28%
25	开出信用证	92,164	6.72%	111,547	11.21%
26	不可撤销贷款承诺	200,933	14.64%	0	0.00%
27	信用卡承担	149,138	10.87%	92,357	9.28%
28	经营性租赁承诺	14,799	1.08%	8,592	0.86%
29	资本承担	7,232	0.53%	2,402	0.24%
30	用作质押资产	143,182	10.43%	149,532	15.03%
31	总计	1,372,446	100.00%	995,149	100.00%
32	调整后表内外资产余额	6,044,069	—	6,025,285	—

如表 15－2 表所示，两者在资产结构上的差异主要有两点：

（1）中信银行贷款占总资产的 48.19%，而兴业银行则只有 32.55%。我们在比较两者的贷款质量时，还必须注意这一点。

（2）中信银行的应收款项类投资占总资产的 21.71%，而兴业银行则占 34.63%。

其他类型的资产，中信和兴业在比例上差得不多，如传统的同业资产

（第2、4、7项）占总资产的比例分别为6.6%和6.13%。

表外项目上，中信银行的总额比兴业银行高出很多，前者有13724亿元，而后者为9951亿元。

最终两者的调整后表内外资产余额相差不多，均为6万亿元出头。

负债结构分析

表15-3　中信VS兴业：负债构成

货币单位：百万元人民币

序号	负债	中信银行	占比	兴业银行	占比
1	向中央银行借款	37,500	0.78%	67,700	1.36%
2	同业及其他金融机构存放款项	1,068,544	22.25%	1,765,713	35.45%
3	拆入资金	49,248	1.03%	103,672	2.08%
4	以公允价值计量且其变动计入当期损益的金融负债	0	0.00%	1	0.00%
5	衍生金融负债	11,418	0.24%	10,563	0.21%
6	卖出回购金融资产款	71,168	1.48%	48,016	0.96%
7	吸收存款	3,182,775	66.27%	2,483,923	49.86%
8	应付职工薪酬	8,302	0.17%	11,262	0.23%
9	应交税费	4,693	0.10%	10,802	0.22%
10	应付利息	38,159	0.79%	36,443	0.73%
11	预计负债	2	0.00%	0	0.00%
12	已发行债务凭证	289,135	6.02%	414,834	8.33%
13	递延所得税负债	10	0.00%	—	—
14	其他负债	41,652	0.87%	28,574	0.57%
15	负债合计	4,802,606	100.00%	4,981,503	100.00%

分析负债结构时，我们照例第一时间看存款。由表15-3中我们看到，中信银行存款占负债的比例为66.27%，而兴业只有49.86%。而兴业则用更高比例的同业负债（主要是第2项）来做补充。另外，兴业发行的债务

凭证也更多（第12项）。

前面我们提到过，同业负债与存款相比，其主要优点是可以快速地大幅增长，且耗费的业务及管理费较少；而缺点则是利率成本较高。

资产质量分析

表15－4　中信VS兴业：贷款质量分析

货币单位：百万元人民币

序号	项　目		中信银行	占比	兴业银行	占比
1	贷款与垫款(总额)		2,528,780	100.00%	1,779,408	100.00%
2	不良行业占比	其中:制造业	414,273	16.38%	295,358	16.60%
3		其中:批发与零售	260,675	10.31%	205,299	11.54%
4		其中:采矿业	—	—	66,930	3.76%
5	逾期及重组贷款	逾期贷款	74,900	2.96%	48,797	2.74%
6		其中:91天以上逾期	37,902	1.50%	18,867	1.06%
7		重组贷款	8,482	0.34%	17,808	1.00%
8		逾期＋重组贷款	83,382	3.30%	66,605	3.74%
9	关注及不良	不良贷款(次级＋可疑＋损失)	36,050	1.43%	25,983	1.46%
10		关注类贷款	90,392	3.57%	41,776	2.35%
11	不良认定宽松度	逾期不良比	207.77%	—	187.80%	—
12		其中:91天逾期不良比	105.14%	—	72.61%	—
13	已逾期未减值	已逾期未减值	41,536	1.64%	23,036	1.29%
14		已逾期未减值中担保物覆盖部分	17,988	0.71%	26,394	1.48%
15	贷款减值准备（蓄水池）	贷款减值准备	60,497	2.39%	54,586	3.07%
16		拨备覆盖率	167.81%	—	210.08%	—
17		当期计提	35,120	1.39%	37,093	2.08%
18		当期核销及转出	26,207	1.04%	26,028	1.46%
19	贷款质量恶化度	本期不良生成(核销及转出前)	33,803	1.34%	34,467	1.94%
20		本期逾期＋重组贷款生成(同上)	19,921	0.79%	49,142	2.76%

制作出表 15－4 后，中信银行和兴业银行两者之间的贷款质量数据就比较清晰了。因为两者的贷款总数不同，所以我们重点关注占比情况即可。

在不良贷款较多的制造业、批发与零售行业贷款的占比上，中信和兴业的情况差不多。而逾期及重组贷款率的情况，两者也很贴近。中信的逾期贷款率高一些，但重组贷款率低一些，总体而言中信的逾期及重组贷款率更低：中信为 3.30%，兴业为 3.74%。两者的不良贷款率贴近，但中信的关注类贷款率更高。关于逾期不良比这个指标，中信更高，这说明中信银行对不良的认定更为宽松，这从后面第 13、14 项也可看出——已逾期未减值贷款部分，中信的占比更高，但抵押物覆盖情况[①]却更低。在贷款减值准备中，兴业的“蓄水池”中的水量更充足，当期计提及核销的比重也较大。但在最后两项贷款质量恶化度指标中，中信银行均好于兴业银行。然而这并不能说明 2015 年中信银行的风控能力强于兴业银行，对于资产恶化度这个指标我们不能线性外推——结合前两年的财报情况，中信银行在 2014 年就爆出较多的逾期及不良贷款，而兴业银行则于 2015 年开始加速爆出，它们只是时间上谁先谁后而已。

除开贷款的质量，我们还需要关注其他资产的质量情况。前面我们看到了，中信银行的贷款总量占总资产的 48.19%，而兴业银行则只有 32.55%。在 2015 年兴业银行年报第 203 页，如表 15－5 所示，我们可以找到它各项资产的逾期情况[②]。因为这些贷款外的资产没有披露不良情况，所以我们只能重点关注它们的逾期情况。此处兴业银行的贷款外逾期资产高达 178.7 亿元，不像中信银行那样可以忽略（只有 1.58 亿元）。

---

① 表 15－4 中第 14 项数据，中信银行财报披露的是有担保物覆盖部分的贷款金额，而兴业银行披露的则是担保物的公允价值金额。注意两者是有区别的，比如 1 个亿的贷款，担保物公允价值可能只有 0.8 个亿，也可能有 1.4 个亿。0.8 个亿的情况下，银行可能损失 0.2 个亿；但 1.4 个亿的情况下，银行大概率是拿不到那多出的 0.4 个亿的（得分给其他债权人或股权人）。

② 这里我们将其中的“已减值”和“已逾期未减值”均看作逾期。

表 15－5　2015 年兴业银行信用风险分析(集团)

单位:人民币百万元

	12/31/2015				
	发放贷款和垫款	同业款项	投资	应收融资租赁款	合计人民币
已减值:					
单项评估					
资产总额	21,579	89	4,794	845	27,307
减值准备	(11,297)	(89)	(1,561)	(227)	(13,174)
资产净值	10,282	—	3,233	618	14,133
组合评估					
资产总额	4,404	—	—	—	4,404
减值准备	(2,090)	—	—	—	(2,090)
资产净值	2,314	—	—	—	2,314
已逾期未减值:					
资产总额	23,036	9,117	2,428	897	35,478
其中:					
逾期 90 天以内	20,703	2,139	2,428	—	25,270
逾期 90 天至 360 天	2,133	6,978	—	897	10,008
逾期 360 天至 3 年	200	—	—	—	200
组合评估减值准备	(3,674)	—	—	(108)	(3,782)
资产净值	19,362	9,117	2,428	789	31,696
未逾期未减值:					
资产总额	1,730,389	315,490	2,474,985	74,414	4,595,278
组合评估减值准备	(37,525)	—	(11,166)	(1,675)	(50,366)
资产净值	1,692,864	315,490	2,463,819	72,739	4,544,912
资产净值合计	1,724,822	324,607	2,469,480	74,146	4,593,055

我们以总资产为比较基准，将中信银行和兴业银行的各项资产逾期情况和资产减值准备情况再度列出，得出表 15－6。

表 15－6　中信 VS 兴业：逾期资产分析表

货币单位：百万元人民币

序号	项　目		中信银行	占比	兴业银行	占比
1	总资产（总额）		5,183,859	100.00%	5,368,292	100.00%
2	逾期资产	逾期资产	75,058	1.45%	66,667	1.24%
3		其中：贷款	74,900	1.44%	48,797	0.91%
4		其中：同业资产	30	0.00%	9,206	0.17%
5		其中：投资（含债券和应收款项类）	128	0.00%	7,222	0.13%
6		其中：应收融资租赁款	—	—	1,442	0.03%
7	减值准备	资产减值准备	61,567	1.19%	69,412	1.29%
8		其中：贷款	60,497	1.17%	54,586	1.02%
9		其中：同业资产	8	0.00%	89	0.00%
10		其中：投资（含债券和应收款项类）	1,062	0.02%	12,727	0.24%
11		其中：应收融资租赁款	—	—	2,010	0.04%
12		第 7 项/第 2 项	82.03%	—	104.12%	—
13	资产质量恶化度	本期逾期＋重组资产生成（核销及转出前）	20,015	0.39%	65,582	1.22%

总体而言，中信银行的逾期资产占比（1.45%）高于兴业银行（1.24%），且中信银行的资产减值准备占比（1.19%）略小于兴业银行（1.29%）。但中信银行的资产质量恶化度指标（0.39%），则远好于兴业银行（1.22%）①。

盈利分析

中信银行的总资产收益率（加权平均）比兴业银行低 13.46%，这在两者的 ROE 差异中占据了一半的影响力。我们重点通过盈利分析，来拆解

① 原因在前文已经叙述。

两者在总资产收益率上形成差异的具体原因。

我们将上一章的盈利分析表略作调整，首先我们以兴业银行作为基数，对总资产规模差异进行调平①——具体做法就是将中信银行利润表中的各项金额，先除以中信的总资产金额，再乘以兴业的总资产金额。然后，我们以兴业银行的营业收入为比较基准（100%），算出中信银行和兴业银行各项收入和支出的占比。最后，我们将两者各项金额的差异算出，**再得出这些差异对最终税前营业利润的差异贡献度**。于是我们得出表15－7。

表15－7　中信VS兴业：盈利分析

货币单位：百万元人民币

序号	项　目	中信银行	中信银行C(总资产调平后)	占比(以兴业的营收为基数)	兴业银行D	占比	C－D	对营业利润差异的贡献度
1	一、营业收入	145,134	150,137	97.27%	154,348	100.00%	－4,211	
2	利息净收入	104,433	108,033	69.99%	119,834	77.64%	－11,801	187.63%
3	利息收入	215,661	223,096		255,972			
4	利息支出	－111,228	－115,063		－136,138			
5	手续费及佣金净收入	35,674	36,904	23.91%	32,190	20.86%	4,714	－74.95%
6	手续费及佣金收入	37,639	38,937		33,592			
7	手续费及佣金支出	－1,965	－2,033		－1,402			
8	投资收益	3,127	3,235	2.10%	3,482	2.26%	－247	3.93%
9	其中：对联营企业的投资收益	53	55		275			
10	公允价值变动(损失)/收益	－519	－537	－0.35%	1,378	0.89%	－1,915	30.45%
11	汇兑净收益	2,300	2,379	1.54%	－2,850	－1.85%	5,229	－83.14%
12	其他业务收入	119	123	0.08%	314	0.20%	－191	3.04%
13	二、营业支出	－90,497	－93,617		－91,538			
14	营业税金及附加	－10,033	－10,379	－6.72%	－12,955	－8.39%	2,576	－40.96%
15	业务及管理费	－40,427	－41,821	－27.10%	－32,849	－21.28%	－8,972	142.65%
16	资产减值损失	－40,037	－41,417	－26.83%	－45,260	－29.32%	3,843	－61.10%
	其他业务成本		0		－474		474	－7.54%

① 这种分析方法同样可用于银行股时间轴上的纵向比较。

续表

序号	项 目	中信银行	中信银行C(总资产调平后)	占比(以兴业的营收为基数)	兴业银行D	占比	C-D	对营业利润差异的贡献度
17	三、营业利润	54,637	56,521		62,810		-6,289	100.00%
18	加:营业外收入	491	508		561		-53	
19	减:营业外支出	-142	-147		-127		-20	
20	四、利润总额	54,986	56,882	36.85%	63,244	40.97%	-6,362	
21	减:所得税费用	-13,246	-13,703		-12,594		-1,109	
22	五、净利润	41,740	43,179		50,650		-7,471	
23	其中:归属于普通股股东的	41,158	42,577	27.59%	50,156	32.50%	-7,579	
24	六、其他综合收益(税后净额)	5,644	5,839		3,466		2,373	
25	七、综合收益(五+六)	47,384	49,018		54,116		-5,098	
26	其中:归属于普通股股东的	46,575	48,181	31.22%	53,627	34.74%	-5,446	

表15-7最右侧的一竖列，清晰地说明了各种因素对两者营业利润差异的贡献度，是横向对比的关键一步，建议投资者认真审视。

我们把思路回到盈利增长的五大主要来源上，逐项来看中信和兴业银行在总资产收益率上的差异主要产生在哪些方面。关于两者资产减值损失的相关比较，在前面的资产质量对比分析中已经提到，此处不再重复。我们这里重点来看其他四大主要来源。

在拆解分析之前首先需要注意，各业务条线有正的贡献，也有负的贡献。但**这并不一定说明正的那部分是优点，或者负的那部分是缺点——它们可能只是银行把资源用在不同的地方而已**。其次，各种优劣势难以用数据精确评估，比如同业业务的业务及管理费肯定比零售业务低，但前者的利差获利空间也小；又比如利率高的资产，虽然能产生更多的净利息收入，但也可能会产生更多的减值损失——这就好像玩打地鼠游戏一样，地鼠从这个洞里缩回去，又从另一个洞里冒出来。

由净息差和生息资产两个主要盈利增长来源，我们列出表15-8。

表 15 - 8　中信 VS 兴业：生息资产及净息差分析

货币单位：百万元人民币

<table>
<tr><th>序号</th><th>项　目</th><th>中信银行</th><th>利率(%)</th><th>兴业银行</th><th>利率(%)</th></tr>
<tr><td>1</td><td>生息资产</td><td></td><td></td><td></td><td></td></tr>
<tr><td>2</td><td>客户贷款及垫款</td><td>2,327,333</td><td>5.85</td><td>1,710,902</td><td>6.00</td></tr>
<tr><td>3</td><td>债券投资</td><td>471,232</td><td>3.86</td><td rowspan="2">1,957,950</td><td rowspan="2">5.52</td></tr>
<tr><td>4</td><td>应收款项类投资</td><td>878,034</td><td>5.20</td></tr>
<tr><td>5</td><td>存放中央银行款项</td><td>510,289</td><td>1.47</td><td>429,324</td><td>1.51</td></tr>
<tr><td>6</td><td>存放同业及拆出资金款项</td><td>221,356</td><td>1.92</td><td rowspan="2">697,977</td><td rowspan="2">4.81</td></tr>
<tr><td>7</td><td>买入返售款项</td><td>102,603</td><td>3.90</td></tr>
<tr><td>8</td><td>其他</td><td>8,284</td><td>0.07</td><td>—</td><td>—</td></tr>
<tr><td>9</td><td>融资租赁</td><td>—</td><td>—</td><td>92,771</td><td>5.79</td></tr>
<tr><td>10</td><td>小计</td><td>4,519,131</td><td>4.77</td><td>4,888,924</td><td>5.24</td></tr>
<tr><td></td><td>付息负债</td><td></td><td></td><td></td><td></td></tr>
<tr><td>11</td><td>客户存款</td><td>3,003,860</td><td>2.16</td><td>2,423,159</td><td>2.33</td></tr>
<tr><td>12</td><td>同业及其他金融机构存放及拆入款项</td><td>981,227</td><td>3.72</td><td rowspan="2">1,804,817</td><td rowspan="2">3.61</td></tr>
<tr><td>13</td><td>卖出回购款项</td><td>23,057</td><td>2.43</td></tr>
<tr><td>14</td><td>同业存单</td><td>71,480</td><td>4.14</td><td rowspan="3">299,328</td><td rowspan="3">4.23</td></tr>
<tr><td>15</td><td>已发行存款证</td><td>7,365</td><td>1.64</td></tr>
<tr><td>16</td><td>应付债券</td><td>101,304</td><td>5.24</td></tr>
<tr><td>17</td><td>向中央银行借款及其他</td><td>28,549</td><td>3.51</td><td>52,088</td><td>3.46</td></tr>
<tr><td>18</td><td>小计</td><td>4,216,842</td><td>2.64</td><td>4,579,392</td><td>2.97</td></tr>
<tr><td>19</td><td>净息差</td><td></td><td>2.31</td><td></td><td>2.45</td></tr>
</table>

中信银行的净利息收入比兴业银行低 12.85%，拆解即为生息资产平均余额低 7.92%，净息差低 5.71%。生息资产平均余额这一块没什么好说的，谁规模垒得大自然谁赚钱多。我们重点来盘一盘净息差这一块。中信的资产利率和负债利率均低于兴业银行，最后的净息差仍低 14 个基点。先看资产端（收入），中信银行配置了约 4712 亿元的债券投资，这些债券的利率只有 3.86%。其次是第 6、第 7 两项同业资产，中信的利率也偏低。再看负债端（支出），中信银行的存款数额更多，比兴业多出 5807 亿元；

对应的是兴业银行的其他负债（主要是同业负债）较多，其中第 12、13 项就比中信多出 8005 亿元。这些同业负债的利率成本更高。

在这里我们可以玩一玩替换游戏。比如，中信银行第 3 项的债券全部换成第 4 项的应收款项类投资，可以多拿 63.15 亿元的利息收入。又比如，我们注意到兴业银行比中信银行少了 5807 亿元存款，如果用兴业的同业负债中抠出 5807 亿元替换成存款，则可以少付利息支出 74.33 亿元。同业负债更低的业务及管理费，但更高的利率成本，会比存款划算吗？我们也可以模糊地对比一下：兴业的业务及管理费比中信低 89.72 亿元，这里 5807 亿元同业负债则多付出 74.33 亿元利息。由此可见，兴业银行较低的成本收入比，含金量并没有那么高，它被较高的同业负债利息支出给抵销了。

因为投资收益、公允价值变动、汇兑净收益、其他业务收入的持续性不强，所以我们可以将其看作一次性损益（非经常性）。这里我们重点来看手续费及佣金收入的构成，如表 15 - 9 所示。

表 15 - 9 中信 VS 兴业：手续费及佣金收入分析表

货币单位：百万元人民币

序号	项　目	中信银行	兴业银行
1	银行卡手续费	13,419	6,376
2	顾问和咨询费	6,972	13,242
3	理财服务手续费	5,808	
4	结算业务手续费	1,747	658
5	代理手续费	3,711	3,394
6	托管及其他受托业务佣金	2,228	4,316
7	担保手续费	3,131	1,787
8	交易业务手续费	—	198
9	租赁手续费	—	931
10	信托业务手续费	—	1,631
11	其他	623	1,059
12	小计（以上 1 - 11 项）	37,639	33,592
13	手续费及佣金支出	- 1,965	- 1,402

续表

序号		中信银行	兴业银行
14	手续费及佣金净收入	35,674	32,190

注：兴业的网点数量已剔除持牌社区支行772家，小微支行5家。

近年，许多银行股投资者不满于兴业银行的手续费及佣金收入占比较低，但其实剔除消耗资本较多的信用卡（银行卡手续费）业务后，兴业还剩272.16亿元，中信只剩242.2亿元，兴业的数额反而更多。不进行细致地拆解，是很难发现这些问题的。

兴业银行的成本收入比一直比较低，那么究竟它低在哪些方面呢？我们一起来看看表15－10：

表15－10　中信VS兴业：成本收入分析

货币单位：百万元人民币

序号	项　目	中信银行	兴业银行
1	员工成本	22,387	19,784
2	其中：员工人数（人）	56,489	52,016
3	其中：平均人工成本（元）	396,307	380,345
4	物业及设备支出	8,763	4,545
5	其中：网点数量（个）	1,353	1,010
6	其中：自助设备（台）	11,044	10,845
7	其他	9,277	8,520
8	业务及管理费用合计	40,427	32,849
9	成本收入比	27.85%	21.28%

注：兴业的网点数量已剔除持牌社区支行772家，小微支行5家。

兴业银行比中信银行的人工成本少26.03亿元。但考虑到兴业与中信的非同业业务规模以及网点数量差异①，则看不出兴业银行在人工成本上的优势。我们注意到另一个大项，即“物业及设备支出及摊销费”，兴业银行少了约42亿元。具体明细如表15－11所示：

① 网点规模比较时，扣除掉兴业银行的社区支行。

表 15－11　中信 VS 兴业：物业及设备支出明细

货币单位：百万元人民币

<table>
<tr><th>物业及设备支出</th><th>中信银行</th><th>兴业银行</th></tr>
<tr><td>- 租金和物业管理费</td><td>4,523</td><td>2,608</td></tr>
<tr><td>- 折旧费</td><td>1,540</td><td rowspan="2">1,937</td></tr>
<tr><td>- 摊销费</td><td>914</td></tr>
<tr><td>- 电子设备营运支出</td><td>821</td><td>—</td></tr>
<tr><td>- 维护费</td><td>618</td><td>—</td></tr>
<tr><td>- 其他</td><td>347</td><td>—</td></tr>
<tr><td>小计</td><td>8,763</td><td>4,545</td></tr>
</table>

其中，兴业银行的租金和物业管理费比中信银行少了近 19 亿元。此外，兴业银行没有电子设备营运支出及维护费，不知是否归入到折旧费或摊销费中（财报中缺乏判断资料）。在 2015 年中信银行年报的第 222、262 页和兴业银行年报的第 132、154 页，可以找到对应的固定资产折旧情况；而兴业银行的 160 页还有长期待摊费用的摊销情况，感兴趣的读者可以自行查阅。

横向对比总结

以加权 ROE 作为资本盈利能力的衡量标准，中信银行比兴业银行低 22.98%；而如果以期初 ROE 为标准，则低 25.05%。显然，兴业银行的资本盈利能力更强。

在以上差距中，一半是由于中信银行的权益乘数较低。即中信银行以更多的股东权益（多出 10.42%），只撬动了更少的总资产（少 3.33%），以及差不多的“调整后表内外资产余额”（多出 0.31%）。如果从资本消耗的角度来看，以“调整后表内外资产余额”为比较基准——中信银行的核心一级资本充足率更高，该因素占了两者差异的八成；还有两成则是因为中信银行各项资产的风险权重略高。

以上权益乘数导致的 ROE（资本盈利能力）差异，并不构成竞争优势，且可持续性较差——因为任何银行都可以在满足资本充足率监管条件的前提下，加杠杆以提高 ROE。

除了权益乘数外，另一半差距则体现在总资产收益率上。在这一方面的比较，我们以盈利增长的五大来源为思路去展开。在调平总资产因素后，两者之间的差异看得更明晰，我们可以清楚看到五大来源对营业利润的影响幅度（表 15 -7）。其中许多因素相互叠加或抵销，它们只是资源用在了不同的地方而已，很难说孰优孰劣。比如，虽然兴业银行的同业业务消耗较少的业务及管理费，但中信银行拥有更多的低利率存款，足以弥补这个劣势。综合来看，中信银行的资产端中，包含了利率较低的债券和同业资产，这或许是拉开两者盈利差距的重要因素之一。

附表

附表1　A股16家银行近年营业收入情况　　货币单位：亿元

营业收入	2007年	2008年	2009年	2010年	2011年	2012年	2013年	2014年	2015年	2015年比2007年	年均增速
工商银行	2555.56	3097.58	3094.54	3808.21	4752.14	5369.45	5896.37	6588.92	6976.47	272.99%	13.38%
建设银行	2194.60	2675.00	2672.00	3234.89	3970.90	4607.46	5086.08	5704.70	6051.97	275.77%	13.52%
农业银行	1792.37	2111.89	2222.74	2904.18	3777.31	4219.64	4626.25	5208.58	5361.68	299.14%	14.68%
中国银行	1941.95	2282.88	2321.98	2768.17	3281.66	3660.91	4075.08	4563.31	4743.21	244.25%	11.81%
交通银行	623.22	766.60	809.37	1042.34	1269.56	1473.37	1644.35	1774.01	1938.28	311.01%	15.24%
招商银行	409.58	553.08	514.46	713.77	961.57	1133.67	1326.04	1658.63	2014.71	491.90%	22.03%
民生银行	253.01	350.17	420.60	547.68	823.68	1031.11	1158.86	1354.69	1544.25	610.35%	25.37%
兴业银行	220.55	297.15	316.79	434.56	598.70	876.19	1092.87	1248.98	1543.48	699.83%	27.53%
浦发银行	258.76	345.61	368.24	498.56	679.18	829.52	1000.15	1231.81	1465.50	566.35%	24.20%
中信银行	278.38	401.55	408.01	557.65	769.48	894.35	1045.58	1247.16	1451.34	521.35%	22.93%
光大银行	200.44	247.00	242.59	355.32	460.27	599.16	653.06	785.31	931.59	464.77%	21.17%
平安银行	108.07	145.13	151.14	179.72	296.43	397.49	521.89	734.07	961.63	889.82%	31.42%
华夏银行	142.60	176.11	171.30	244.79	335.44	397.78	452.19	548.85	588.44	412.65%	19.38%
北京银行	76.42	123.04	118.94	156.35	207.28	278.16	306.59	368.78	440.81	576.83%	24.49%
南京银行	19.26	32.24	36.28	53.06	74.63	91.14	104.78	159.92	228.30	1185.36%	36.22%
宁波银行	22.44	34.04	41.76	59.12	79.66	103.42	127.61	153.57	195.16	869.70%	31.05%
增长率	—	2008年	2009年	2010年	2011年	2012年	2013年	2014年	2015年		
工商银行		21.21%	-0.10%	23.06%	24.79%	12.99%	9.81%	11.75%	5.88%		
建设银行		21.89%	-0.11%	21.07%	22.75%	16.03%	10.39%	12.16%	6.09%		
农业银行		17.83%	5.25%	30.66%	30.06%	11.71%	9.64%	12.59%	2.94%		
中国银行		17.56%	1.71%	19.22%	18.55%	11.56%	11.31%	11.98%	3.94%		
交通银行		23.01%	5.58%	28.78%	21.80%	16.05%	11.60%	7.89%	9.26%		
招商银行		35.04%	-6.98%	38.74%	34.72%	17.90%	16.97%	25.08%	21.47%		
民生银行		38.40%	20.11%	30.21%	50.39%	25.18%	12.39%	16.90%	13.99%		

续表

增长率	—	2008年	2009年	2010年	2011年	2012年	2013年	2014年	2015年		
兴业银行		34.73%	6.61%	37.18%	37.77%	46.35%	24.73%	14.28%	23.58%		
浦发银行		33.56%	6.55%	35.39%	36.23%	22.14%	20.57%	23.16%	18.97%		
中信银行		44.25%	1.61%	36.68%	37.99%	16.23%	16.91%	19.28%	16.37%		
光大银行		23.23%	-1.79%	46.47%	29.54%	30.18%	9.00%	20.25%	18.63%		
平安银行		34.29%	4.14%	18.91%	64.94%	34.09%	31.30%	40.66%	31.00%		
华夏银行		23.50%	-2.73%	42.90%	37.03%	18.58%	13.68%	21.38%	7.21%		
北京银行		61.00%	-3.33%	31.45%	32.57%	34.20%	10.22%	20.28%	19.53%		
南京银行		67.39%	12.53%	46.25%	40.65%	22.12%	14.97%	52.62%	42.76%		
宁波银行		51.69%	22.68%	41.57%	34.74%	29.83%	23.39%	20.34%	27.08%		

附表2　A股16家银行近年净利润情况表　　货币单位：亿元

净利润	2007年	2008年	2009年	2010年	2011年	2012年	2013年	2014年	2015年	2015年比2007年	年均增速
工商银行	812.56	1107.66	1285.99	1651.56	2082.65	2385.32	2626.49	2758.11	2771.31	341.06%	16.57%
建设银行	690.53	925.99	1067.56	1348.44	1692.58	1931.79	2146.57	2278.30	2281.45	330.39%	16.11%
农业银行	437.87	514.74	649.92	948.73	1219.27	1450.94	1663.15	1794.61	1805.82	412.41%	19.38%
中国银行	562.29	635.39	808.19	1044.18	1242.76	1396.56	1569.11	1695.95	1708.45	303.84%	14.90%
交通银行	205.13	284.23	300.75	390.42	507.35	583.69	622.95	658.50	665.28	324.32%	15.84%
招商银行	152.43	210.77	182.35	257.69	361.29	452.68	517.43	559.11	576.96	378.51%	18.10%
民生银行	63.35	78.85	121.04	175.81	279.20	375.63	422.78	445.46	461.11	727.88%	28.16%
兴业银行	85.86	113.85	132.82	185.21	255.05	347.18	412.11	471.38	502.07	584.75%	24.70%
浦发银行	54.99	125.16	132.17	191.77	272.86	341.86	409.22	470.26	506.04	920.24%	31.97%
中信银行	82.90	132.62	143.20	215.09	308.19	310.32	391.75	406.92	411.58	496.48%	22.18%
光大银行	50.39	73.16	76.43	127.90	180.68	235.90	267.15	288.83	295.28	585.99%	24.73%
平安银行	26.50	6.14	50.30	62.47	102.79	134.03	152.31	198.02	218.65	825.09%	30.19%
华夏银行	21.01	30.71	37.60	59.9	92.22	127.97	155.06	179.81	188.83	898.76%	31.58%
北京银行	33.48	54.17	56.34	68.03	89.47	116.75	134.54	156.23	168.39	502.96%	22.37%
南京银行	9.09	14.56	15.44	23.11	32.12	40.13	44.97	56.09	70.01	770.19%	29.07%
宁波银行	9.51	13.32	14.57	23.22	32.54	40.68	48.47	56.27	65.44	688.12%	27.26%
增长率	—	2008年	2009年	2010年	2011年	2012年	2013年	2014年	2015年		
工商银行		36.32%	16.10%	28.43%	26.10%	14.53%	10.11%	5.01%	0.48%		
建设银行		34.10%	15.29%	26.31%	25.52%	14.13%	11.12%	6.14%	0.14%		
农业银行		17.56%	26.26%	45.98%	28.52%	19.00%	14.63%	7.90%	0.62%		
中国银行		13.00%	27.20%	29.20%	19.02%	12.38%	12.36%	8.08%	0.74%		
交通银行		38.56%	5.81%	29.82%	29.95%	15.05%	6.73%	5.71%	1.03%		
招商银行		38.27%	-13.48%	41.32%	40.20%	25.30%	14.30%	8.06%	3.19%		
民生银行		24.47%	53.51%	45.25%	58.81%	34.54%	12.55%	5.36%	3.51%		
兴业银行		32.60%	16.66%	39.44%	37.71%	36.12%	18.70%	14.38%	6.51%		
浦发银行		127.61%	5.60%	45.09%	42.29%	25.29%	19.70%	14.92%	7.61%		
中信银行		59.98%	7.98%	50.20%	43.28%	0.69%	26.24%	3.87%	1.15%		
光大银行		45.19%	4.47%	67.34%	41.27%	30.56%	13.25%	8.12%	2.23%		
平安银行		-76.83%	719.22%	24.19%	64.54%	30.39%	13.64%	30.01%	10.42%		
华夏银行		46.17%	22.44%	59.31%	53.96%	38.77%	21.17%	15.96%	5.02%		

续表

增长率	—	2008 年	2009 年	2010 年	2011 年	2012 年	2013 年	2014 年	2015 年		
北京银行		61.80%	4.01%	20.75%	31.52%	30.49%	15.24%	16.12%	7.78%		
南京银行		60.18%	6.04%	49.68%	38.99%	24.94%	12.06%	24.73%	24.82%		
宁波银行		40.06%	9.38%	59.37%	40.14%	25.02%	19.15%	16.09%	16.30%		